蝶が来る庭

——バタフライガーデンのすすめ

海野和男［写真と文］

草思社

目次

●ヒョウモンチョウ類の見分け方 —— 裏面で区別する………40
●ウラギンスジヒョウモンとオオウラギンスジヒョウモンの見分け方………42

●はじめに —— 花の名を覚えて、ナチュラルガーデンを目指そう………4
バタフライガーデンのすすめ………5
ぼくのバタフライガーデン —— 吸蜜源植物と食草植物………6
花壇に植える花 —— チョウの好きな花が絶えず咲いているリレー方式の庭作り………10
飛んでくるチョウから見えてくるもの………11

バタフライガーデン 春 ………13

タンポポ —— たっぷりの蜜にやってくるシロチョウ科の仲間たち………14
Column 在来種とセイヨウタンポポ………15
カタクリ —— 集客力はやや劣るが日周運動が面白い………16
ユキヤナギ／コデマリ —— ホシミスジの幼虫の食草………17
Column ホシミスジの一生………17
レンゲ —— 花壇のグラウンドカバーに向く植物………18
カタバミ —— ヤマトシジミの幼虫の食草………19
Column 季節外れのレンゲの花………19
ハルジオン —— ウスバシロチョウやベニシジミにとても好まれる………20
Column ハルジオンとヒメジョオンの違い………21
スミレ —— ヒョウモンチョウ類の幼虫の食草………22
ナノハナ／ムラサキハナナ —— モンシロチョウなど多くのチョウに好まれる………24
ツツジ —— アゲハチョウの仲間に好まれる………25
シバザクラ —— 花が寂しい季節に彩りを添える………26
トベラ・ピラカンサ・ヒメウツギ —— アオスジアゲハは白い花が好き………26

バタフライガーデン 初夏 ………27

ムシトリナデシコ —— 初夏のバタフライガーデンの主役………30
アメリカナデシコ／カワラナデシコ
—— チョウがとても好むが、ムシトリナデシコにはかなわない………34
フランスギク／シャスターデイジー —— 清楚な花がチョウにも好まれる………35
●6月の草地のバタフライガーデン………36
ムラサキツメクサ／クローバー —— 花も葉もチョウに好まれる………38
ラベンダー —— モンキチョウやタテハチョウがやってくる………39

バタフライガーデン 夏 ………43

イケマ —— キバネセセリはイケマの蜜が大好き………44
ノコギリソウ —— チョウも来るが花そのものを楽しみたい………45
ソバ —— シロチョウの仲間には特に好まれる………46
アザミ —— 最もよくチョウを呼ぶ植物の一つ………48
オカトラノオ —— 花期は短いけれどチョウをよく呼び寄せる………52
Column 花には来ないチョウ………53
モナルダ —— 濃いピンクのものが最も好まれる………54
ルドベキア —— 花期の長い丈夫な花………56
Column 庭に植えてはいけないオオハンゴンソウ………57
チョウセンヨメナ —— 夏のバタフライガーデンには欠かせない………58
エキナセア —— 長く咲き、そこそこチョウが集まる美しい花………60
ユリ —— 改良されていないものほどアゲハチョウの仲間が集まる………62
ヒャクニチソウ（ジニア） —— ほぼすべてのチョウが好む花………64
●チョウの来るヒャクニチソウを選ぶ………66
ストケシア —— 背が低いので植え方に注意………67
クルマバナ —— セセリチョウやシロチョウの仲間に特に好まれる………68
クサフジ —— チョウに好まれるマメ科の植物………69
ツルフジバカマ —— 絶滅危惧種ヒメシロチョウの食草にも吸蜜源にも………70
コマツナギ —— 絶滅危惧種ミヤマシジミの食草にも吸蜜源にも………70
アベリア —— 強い香りがチョウやハナバチに好まれる………71
マツバギク —— シロチョウの仲間に好まれる………71
リアトリス —— モンシロチョウやスジグロシロチョウの大好物………72
バーベナ —— 「幸せのハチ」ルリモンハナバチがやってくる………74
サンジャクバーベナ —— この一種だけでバタフライガーデンが成立………76
フロックス —— 花期が長いのでバタフライガーデンに重宝………78
ブッドレア —— あらゆるチョウがやってくる「バタフライブッシュ」………80
カセンソウ —— チョウが大好きな花だが、草刈りで絶滅寸前………84
ブルーサルビア —— 手間をかけられないガーデンに最適………86
クサギ —— 黒系統のアゲハチョウ類にとても好まれる………88
ネムノキ —— カラスアゲハなどがやってくる………89
Column 花には来ないチョウ —— オオムラサキを呼ぶ………90
ハーブ類（ミント、タイムなど） —— キッチンガーデン用に植えて一石二鳥………91

センニチコウ／ファイアーワークス ―― 一年草より宿根タイプがおすすめ………92
●食草ミツバ／ルー ―― アゲハチョウ類の食草………94

バタフライガーデン 秋 ………95

オミナエシ ―― シロチョウの仲間などに好まれる………96
オトコエシ ―― タテハチョウやヒョウモンチョウの仲間に好まれる………98
マリーゴールド ―― 一重の黄色やオレンジ色のものがチョウをよく呼ぶ………100
ウド ―― ヒョウモンチョウの仲間にも好まれる………102
セージ／サルビア類 ―― ホウジャクやハチに好まれる………103
フジバカマ ―― アサギマダラはこの花が大好き………104
●旅をするチョウ ―― アサギマダラ………105
コスモス ―― 手間がかからずチョウにも好まれる………106
ヒガンバナ ―― アゲハチョウの仲間には好評………107
キバナコスモス ―― バタフライガーデンにおあつらえ向き………108
ミソハギ ―― シロチョウやシジミチョウに好まれる………109
カクトラノオ ―― 薄紫やピンクのものがチョウをよく呼ぶ………110
サワギキョウ ―― 和風バタフライガーデンにぴったり………111
クジャクアスター ―― キク科アスターのなかではチョウに一番人気………112
ノコンギク ―― 野菊では最もチョウに好まれる………113

ツワブキ ―― 10月から11月にチョウをよく呼ぶ………114
メキシカンセージ ―― チョウに好まれる数少ないサルビアの仲間………115
●冬のバタフライガーデン………116

バタフライガーデンに何を植えるか?………118
ベランダのバタフライガーデン………119
●〔寄稿〕私のあおちゃん………120
ベランダでも育つナミアゲハの一生………123
花にはあまり来ないゼフィルスだが、美しい………124
チョウの一生………126
里山の植物だけで作るバタフライガーデン………132
トロピカルのバタフライガーデン………134
宿根草の入手のしかた………136
困りものの植物や虫とのつきあい方 ―― ヤブガラシなど………138
バタフライガーデンの約束事 ―― 農薬は使わない………140
観察記録をデジカメやスマホで………141

●植物索引………142
●昆虫索引………143

この本の使い方

　この本は、筆者のバタフライガーデンでの経験をもとに、花の種類ごとにどんなチョウが集まるかを解説した。園芸植物をメインに野草も入れ、チョウを呼ぶ力を「集客力」と称して5段階で表した。集客力〈5〉は、この花には必ずチョウが来るという、超おすすめのもの。〈4〉はそれに次ぐもの。〈3〉はその花をとても好む特定の種類のチョウがいるもの。「咲き方」は〈一年草〉〈二年草〉〈宿根草〉をメインに〈木本〉（樹木）も加えた。宿根草（植物学用語の〈多年草〉と同じ意味）は何年にもわたって花を咲かせるものだが、暖かい地方でないと冬に枯れてしまうものもある。花の咲く時期（「開花期」）は地域により異なるので、長野県の標高750mにある筆者のバタフライガーデンを基準に、北海道や東北までの寒冷地の開花期と、つづく（　）内には関東や近畿など暖地の開花期を示した。「耐寒性」は宿根草の場合、〈強〉は冬の気温がマイナス10度以下まで耐えられるもの。〈やや弱い〉はマイナス5度以下では耐えられないもの。〈弱〉は一度でも氷点下になるとだめになるもの。「耐暑性」は〈やや弱い〉は暖かな地方では夏に花が咲かなかったり、枯れてしまうもの。〈弱〉は暖かな地方ではうまく育たないもの。宿根草で耐寒性が弱い植物も、一年草扱いすれば寒冷地でも使える。一年草で耐寒性を〈弱〉としたものは、こぼれ種（自然に植物からこぼれ落ちた種）でも寒冷地ではほぼ越冬できない花。

集客力 チョウを呼び寄せる力（5段階評価）　**分類** 科名 属名［学名］　**咲き方** 宿根草、一年草、二年草など
開花 長野・東北・北海道などの寒冷地の開花期（関東・関西などの暖地の開花期）　**耐寒** 耐寒性　**耐暑** 耐暑性　**草丈** 草木の高さ

はじめに —— 花の名を覚えて、ナチュラルガーデンを目指そう

　世界で初めてバタフライガーデンを提唱したのは、イギリスのミリアム・ロスチャイルド（Miriam Rothschild）さんです。ロスチャイルド家の一員で、ノミの研究家としても知られるミリアムさんは、イギリスの野草でチョウを呼ぶ庭作りをすすめる"The Butterfly Gardener"という本を1983年に出版して、〈バタフライガーデン〉という言葉を定着させました。

　じつは、その数年前にミリアムさんは日本を訪れていました。鵜飼いを見にきたとのことでした。その際、ミリアムさんは東京の本屋で、ぼくの『チョウの世界』という写真集を見つけ、会いたいと連絡してきたのです。

　宿泊先のホテルオークラに出向き、夕食をともにしながら話をしました。その縁で、世界で初めての、このバタフライガーデンの本には、ぼくの写真が4点も使われていて、Acknowledgements（謝辞）の一番最初に、ぼくのことを書いてくれています。

　表紙は誰の作かわかりませんが、ぼくの写真よりずっと鮮明なラベンダーの蜜を吸っているスジボソヤマキチョウの写真です。こちらのほうがぼくの写真よりずっとよいと思うのですが、ともかくも名誉なことで、ぼくの写真が初めて海外の本に使われた記念すべき出来事でした。

　ぼくがバタフライガーデンに興味を持ったのは、もちろんこの本がきっかけでした。その後、バタフライガーデンは主にアメリカで発展していきました。

　本書は日本固有の花でチョウを呼ぼうという趣旨のものではなく、ありふれた花壇の花でチョウを呼び寄せて楽しもうという趣旨で作りました。ただし、里山の花だけでバタフライガーデンを作ろうという項目も立てました。

　花に囲まれていると幸せな気持ちになりませんか？　花のまわりをいつもチョウが飛んでいれば、もっと幸せになること請け合いです。花はチョウやハナバチを呼んで受粉してもらうために美しくなったのですから、チョウのいない庭は不自然と言わざるを得ません。日本には「蝶よ花よ」という言葉があります。日本人は昔から、チョウの舞う花畑に癒されてきたのだと思います。

　バタフライガーデン作りの第一歩は、チョウが好きな花を知ることです。この本は、ぼくが実際にいろいろな花を植えてみてわかった、チョウに好まれる花の図鑑であり、花を通して知るチョウの世界です。

　舞台は主にぼくの庭がある長野県小諸市です。ここはチョウが多い場所ですが、チョウは都会の真ん中にも棲んでいる種類があるので、ぼくのバタフライガーデン作りは、どの地域でも応用がきくと思います。

　花の種類を覚えて、チョウに好まれるナチュラルガーデン作りを目指しませんか!?

キアゲハ（上）、ヒメアカタテハ（下）／
ヒャクニチソウ（8月）

4

バタフライガーデンのすすめ

　チョウが好む花を植えれば、そこにはバタフライガーデンができます。大がかりな作業がいらないので、簡単に作れるところがバタフライガーデンのよさです。校庭でもベランダでも作れますから、気軽に挑戦してください。

　たとえば、ヒャクニチソウの種を播きさえすれば、夏から秋にその花を目当てにチョウがやってきます。苗で買って植えれば、育てやすいので、種から育てるよりなお簡単です。1年しか花を咲かせないで翌年は生えてこない一年草に比べると、チョウの好む宿根草（一度植えると毎年花を咲かせてくれる。植物学用語では多年草）なら、毎年、種を播く手間もいりません。花壇に植える植物をチョウの好みに合わせるだけでいいのです。

　ただし、品種改良がすすんだ草花は、ちょっと注意が必要です。花を色鮮やかにする目的で改良された一代雑種では、種を採ることもなければ、昆虫がやってきて交配をさせる必要もなくなってきています。ですから蜜がたくさん出なくてもよくなっているのです。

　改良が進んでいない草花、野山に生える小さな花をつける草花、たとえば春ならばタンポポやハルジオン、初夏から夏にかけてなら

ムシトリナデシコ、花穂（72ページ参照）がトラの尻尾のような形のオカトラノオ、アザミ、秋ならばノコンギク、シオンなどにはチョウやハチがよく来ます。花は受粉を助けるチョウやハチを呼ぶために咲いているのです。

　けれども、園芸種でもチョウの好む花はたくさんあります。なかには野生の花よりもチョウを呼ぶ花もあります。たとえば一年草なら、道ばたの花壇にも植えられているヒャクニチソウやマリーゴールド、ブルーサルビアにはチョウがよく来ます。同じサルビアでも赤いサルビアは、チョウはまったくやってきません。花が下を向いていて、その形態ではチョウが蜜を吸うことができないからです。

　チョウによって好む花の色は異なりますが、多くのチョウに好まれるのは花が赤紫や紫系統の宿根草、たとえばブッドレアやサンジャクバーベナ、モナルダなどにもいろいろなチョウがよく来ます。ピンクや薄紫、赤紫色の花はさまざまなチョウに好まれます。

　チョウを呼ぶ庭の花は春から秋まで長く咲きつづける種類、あるいは、春から秋までリレー式に咲くように草花の組み合わせを考えるといいでしょう。

ナミアゲハ／ヒャクニチソウ（7月）

アカタテハ／ブッドレア（9月）

ぼくのバタフライガーデン
—— 吸蜜源植物と食草植物

北
西 ←→ 東
南

私道

ハーブ、ツメレンゲなど

園芸植物を植えてある花壇（100坪）

自然の花を活かした花壇

　一口にチョウを呼ぶといっても、吸蜜源となる植物（吸蜜源植物＝チョウが蜜を求めて飛来する植物）を植えて開花させて呼び寄せるやり方と、チョウが卵を産みつけるように、食草となる植物を植えて、卵から育てるやり方とがあります。さらには、樹液や果実を目当てにやってくるチョウもいます。

　「はじめに」でふれたように、ぼくのバタフライガーデンは長野県の小諸市にあります。自然の草地と林に加えて、100坪ほどの花壇があります。ここでは80種ほどのチョウが見られます。そのほとんどが庭で発生しています。だから、チョウの幼虫が食べる植物（食草）はほとんど植えずに、チョウの好む花だけを植えています。かなり良好な自然に恵まれているといえます。

　一般に都会の真ん中なら、呼び寄せるチョウは5種を目標に、郊外の広めの住宅地なら、10種を目標にするといいと思います。都会や住宅地では食草を植えることも重要です。田舎や別荘地で、まわりに良好な自然がある場合は、ぼくの庭のように食草は自然にまかせ、チョウの好む花を植えるのがいいでしょう。少なくとも30種ぐらいのチョウがやってくると思います。

　長野県小諸市にアトリエを構えて30年になります。アトリエの庭をバタフライガーデンにしようとしたこともありますが、木が伸びて、日当たりが悪くなり、忙しさもあって、ここ10年ほどは荒れ放題になってしまいました。

　最近、このアトリエから直線でわずか150mほどのところに、草地のある小さな家を手に入れました。アトリエは小高い場所にありますが、最近手に入れたほうの場所は谷間にあり、横を水が流れていて、アトリエとはまったく環境が異なります。環境が違うと、さして離れていないのに、よくやってくるチョウの種類が異なります。アトリエは林の中にありますから、花壇のあるバタフライガーデンにはあまり向いていませんが、今度手に入れた場所は平らな部分が多く、花壇作りに向いています。ここがぼくのバタフライガーデンです。

　敷地は東西に細長く、南側が上り斜面でコナラ林なので、10月

6

水路

ネムノキ

水路沿いの花壇

この右手に家がある

自然の草地を活かした庭（150坪）

まわりはコナラなどの雑木林

これはドローンで俯瞰撮影したぼくの庭だ。写真上部が北で、手前は北側に向かって緩く傾斜している（南側の雑木林部分は急傾斜）。小道で囲まれている平地の部分の左側が園芸種を植えたいわゆる花壇。その南の自然の花壇はオカトラノオやオトコエシなど自然にある花が良く咲くように草刈りなどを行っている場所。右の部分が自然の草地を活かした庭。この三つで200〜300坪ぐらいある。

その周囲に自然を活かした平場の草地があり、それを合わせると500坪ぐらい。さらにその周囲にコナラなどの林があり（とくに南側の部分）、北側にある大きな木はネムノキだ。写真に見える部分で700坪ぐらいか。

右の奥にある家屋のまわりを含めて全体で1500坪ぐらいの土地で、北側に私道があり、その向こうに小川が流れている。川のわきにも自然を活かした小さな花壇がある。ここは長野県小諸市で、高度は750mの涼しい場所。

から3月は日当たりがよくないのですが、4月から9月までは日が当たる部分が多いのです。道路に近い部分に100坪ほどの花壇を作り、残りの部分は草地のままにしてあります。この草地は、前からよさそうな場所だなと目星をつけていたのですが、はからずも、ヨモギをメインとするその草地は、準絶滅危惧種のヒメシジミの発生地でした。周囲1kmぐらいには、たぶんヒメシジミは生息していないと思います。

ここで、毎年ヒメシジミを発生させるには、どのような管理をしたらいいかを考えました。あとでもふれるように、2018年と2019年は、チョウの発生が終わった10月末に根元のほうを20cmぐらい残し、草刈りをおこないました。

春はタンポポやウスバシロチョウの食草のムラサキケマンも咲きます。ハルジオンも多く、この花にはたくさんチョウが来ますが、増えすぎないように適当に抜いています。

7月から8月はどこからか種が飛んできたオオブタクサが伸びてくることがあります。これは見つけしだいすぐに抜きます。道ばたによく生えているセイヨウシバのような単子葉植物（種から最初に出てくる葉の枚数が1枚のもの）もできるだけ除去します。ススキは半分ぐらい除去するなどして、この草地をヒメシジミに特化した管理をおこなってみました。結果は今のところ上々で、ヒメシジミは6月末には数十匹が飛び交っています。

ほかには長野県絶滅危惧種のミヤマチャバネセセリも発生し、夏には絶滅危惧種のアカセセリも現れました。さらにウラギンスジヒョウモンという絶滅危惧II類のチョウも草地や花壇のスミレで育ちます。

チョウの食草としては、アサギマダラが卵を産んでくれないかと期待して、イケマを植えました。通常、アサギマダラが卵を産む場所は標高1200mぐらいのところが多く、ぼくの庭はそれより標高が500mほど低いので、無理かなと思いましたが、1個だけですが卵を産んでくれました。

ほかにはツメレンゲを少しだけ植えました。ツメレンゲも準絶滅危惧種のクロツバメシジミの食草です。小諸はクロツバメシジミが棲んでいて、売られていたツメレンゲにクロツバメシジミが卵を産んでいたので、そのツメレンゲを買ってきたのです。さすがに数が少ないので、3世代で絶えてしまいました。クロツバメシジミは人家周辺などにも局所的に生息しているのですが、こうして分布を広げるのだなと思いました。

5月25日

小諸では5月末はまだ春の終わりで、チューリップが残っている。宿根草が成長してきたが、開花しているのはわずか。

6月27日

宿根草がはなやかに開花。右下は6月初めから咲いているフランスギク、右奥はモナルダ。バーベナ類も咲いている。一年草ではマリーゴールドやヒャクニチソウが元気。7月20日頃までが、初夏から夏の花が多い季節。

7月20日

そろそろ初夏の花は終わり。夏の花が盛りになり、アザミ、モナルダなどにチョウがやってきてにぎやかな季節。

7月30日

アザミが終わり、コオニユリが咲き（左奥）、モナルダ（中央）、フロックス（右）、ルドベキア（左手前）が盛りで、チョウの多い日がつづく。

9月2日

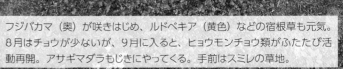

フジバカマ（奥）が咲きはじめ、ルドベキア（黄色）などの宿根草も元気。8月はチョウが少ないが、9月に入ると、ヒョウモンチョウ類がふたたび活動再開。アサギマダラもじきにやってくる。手前はスミレの草地。

花壇に植える花 ── チョウの好きな花が絶えず咲いているリレー方式の庭作り

さて、ぼくの庭の花壇には、宿根草をメインにして、ソバ、ヒャクニチソウ、マリーゴールドなどの一年草も植えました。そこは、もとの所有者が花壇や菜園を作りかけた場所のようなのですが、セイヨウシバなどが入り込んで、あまりよい環境とはいえなかったので、チョウのよく来る宿根草、たとえばモナルダやフジバカマ、フロックス、バーベナの仲間、チョウセンヨメナなどを植えました。はじめのうちは宿根草が小さく、その間のチョウを呼ぶ花としては、1年草のヒャクニチソウやマリーゴールドが活躍しました。

3年目になって宿根草が大きく育ち、夏にはアゲハチョウ類なども多くやってくるようになりました。夏は自然環境では花が少ないので、夏に咲くチョウの好む花を花壇に植えることは、チョウの保全にも役立つのです。

前にもふれたように、宿根草とは多年草のことで、一度植えれば長いあいだ、毎年花を咲かせてくれます。野外ではチョウは主に宿根草の花の蜜を吸って生きています。日本産の宿根草は園芸店では山野草に分類されていて、マニアックで値段も高く、かつてはチョウの来る花もあまり販売されていませんでした。ヨーロッパなどでは宿根草はイングリッシュガーデンなどに人気で、改良したたくさんの種類が販売されています。

しかし、最近は日本でも人気が出てきて、多くの種類が販売されるようになっています。宿根草の名前は学名をカタカナ読みにしたものが多く、初めての人はなじみにくいのですが、たとえば日本の農家の庭などに昔から植えられているオイランソウの仲間は「フロックス」、タイマツバナは「モナルダ」、キクの仲間は「アスター」と呼ばれています。

宿根草は夏じゅう咲くものは少なく、花期が1ヶ月ほどのものが多いので、次々に花が咲くように種類を選ぶことも必要です。また最近の改良種は、花がら（しおれた花）を摘んだり切り戻しをすれば、また花を咲かせるものも多く、フロックスなどは3ヶ月も咲いていました。切り戻しとは、花が終わったあと、茎を途中まで切り詰めることで、わき芽が出て、ふたたび花が咲くようにすることです。

これら宿根草に1年草をうまく組み合わせて、4月から10月まで、チョウの好きな花が絶えず咲いている、リレー方式の庭作りが理想です。

春はタンポポやハルジオン、初夏はクローバーやムラサキツメクサなどの雑草の花もよい吸蜜源になります。けれど、ぼくの花壇ではこれらの雑草は元気がよすぎるので、少しコントロールしなければいけないと思っています。前の年の夏の終わりに播いた二年草（種を播いた1年目には根を広げ、茎・葉を伸ばして過ごし、その次の年の春・夏に花を咲かせる植物）のなかでは、ムシトリナデシコが素晴らしい花で、6月にたくさんのチョウを呼び寄せてくれました。

8月23日　チョウセンヨメナ（手前）、フロックス（右奥）が盛りだ。

9月21日　フジバカマ（右側）が盛りになってきた。

飛んでくるチョウから見えてくるもの

　ぼくの事務所がある東京の千代田区でも30種類ほどのチョウがいて、日本全国では240種類ほどのチョウがいます。

　どの地域でどんな植物を植えるかで、やってくるチョウの種類は異なります。チョウはとてもよく研究されている生きもので、幼虫が食べる植物も種類によって決まっているので、どんなチョウが来るかで、その地域の自然について知ることができます。

　花の色が赤と青とでは、やってくるチョウの種類が違います。紫系統の花であれば、赤と青がまざった色なので、どちらのチョウもやってきます。モンシロチョウのように、赤い花には来ないで、白や黄色、青の花にやってくるものもいます。チョウによって、見ることができる色と見ることのできない色に違いがあるのです。アゲハチョウは人の見ているものに近い色で見ているようです。赤い花が好きです。また、白や黄色の花にもやってきます。

　北海道や東北から台湾まで移動することが知られているアサギマダラは、信州では夏の高原に咲くヨツバヒヨドリにやってきます。同じ仲間のフジバカマのところにも来ますから、入手しやすいフジバカマの苗を買ってきて、花を咲かせておけばいいのです。すると、9月に渡りの途中で寄ってくれます。あとでふれますが、このチョウは渡り鳥のように海を渡って移動します。フジバカマはいい匂いがします。たぶん匂いもチョウを呼ぶのに使われているのだと思います。

　チョウは花の蜜を求めてやってくるだけではありません。花には来ないで果実や獣糞などに来るチョウもいます。こうしたチョウにはバナナやパイナップル、リンゴなどの餌をおくだけでいいのです。それも少し傷んできて、発酵臭のするぐらいのものがいいのです。台に載せれば、なおいいです。そうすると、あとでふれるように、オオムラサキなどのチョウが飛んできます。

フジバカマにやってきたアサギマダラ(9月)

　春に花を咲かせる宿根草でチョウが来るのは日本のスミレやカタクリ、サクラソウなどの野草やシバザクラ以外はあまり売られておらず、入手が難しいものもあります。野外でもチョウはレンゲやムラサキハナナ、ナノハナなどの二年草によくやってきます。宿根草ではありますが、一般に雑草とされるタンポポやハルジオンもチョウをよく呼ぶ花です。庭木ではユキヤナギ、ツツジ類にチョウがやってきます。

タンポポ —— たっぷりの蜜にやってくるシロチョウ科の仲間たち

● ウスバシロチョウ、スジグロチョウなど

| 集客力 | ●●●●○○ | 分類 | キク科 タンポポ属 [Taraxacum] |

咲き方 宿根草　**開花** 4〜5月（3〜4月）　**耐寒** 強　**耐暑** 強
草丈 20〜30cm

　春にあちこちにタンポポが咲きます。平地では4月初め、ぼくの庭では4月下旬から5月下旬です。タンポポには在来種のカントウタンポポなどと、いわゆるセイヨウタンポポと呼ばれる外来種があります。在来種は虫媒花ですが、外来種のセイヨウタンポポは虫が来なくても種をつけます。一面黄色のタンポポ畑はたいていセイヨウタンポポです。

　セイヨウタンポポも蜜をたくさん含み、チョウは在来種、セイヨウタンポポを区別しません。タンポポに来るのはシロチョウ科のチョウが特に多く、モンシロチョウ、スジグロシロチョウ、ツマキチョウ、モンキチョウなどがやってきます。アゲハチョウ科のウスバシロチョウ、キアゲハ、シジミチョウ科のベニシジミなども大好きな花で、多くのチョウに好まれます。

ツマキチョウ

スジグロシロチョウ

ミヤマセセリ

上の3点はすべてセイヨウタンポポ（5月）

ウスバシロチョウは年1回の発生。5月を代表するチョウだ。

Column

在来種と
セイヨウタンポポ

　タンポポの花が付いている根元の部分は膨れていて総苞（そうほう）と呼ばれます。外来種は総苞片が反り返っていて、在来種は総苞片が固く閉じているので区別できます。造成されたり、掘り返されたりした場所には外来種のセイヨウタンポポが侵入してきます。

在来種

カントウタンポポ

外来種

総苞片

セイヨウタンポポ
総苞片が反り返っているのが特徴

外来種

シロバナタンポポ（セイヨウタンポポの一種）

カタクリ —— 集客力はやや劣るが日周運動が面白い
●ルリシジミ、ヒメギフチョウなど

| 集客力 | 分類 ユリ科 カタクリ属[*Erythronium*] | 咲き方 宿根草 | 開花 4月中旬〜下旬（3〜4月） | 耐寒 強 | 耐暑 やや強 | 草丈 20cm |

カタクリは春の雑木林の林床で、大変美しい花を咲かせます。自然の豊かな場所ではギフチョウやヒメギフチョウに、とても好まれる花です。けれど、ギフチョウやヒメギフチョウは棲んでいる場所が非常に限られるので、庭に呼ぶというのはあまり現実的ではありません。ぼくの庭でもカタクリは林の中に自生しています。ヒメギフチョウはす

ぐ近くには棲んでいますが、庭には現れません。

花は日周運動といって、朝に花を開き、夕方には閉じてしまいます。もしカタクリを植えるのなら、その観察をしてみましょう。たまにはルリシジミなどがやってくることはあるかもしれませんが、あまり期待しない方がいいと思います。

ギフチョウ（4月）

ヒメギフチョウ（4月）

ユキヤナギ／コデマリ ── ホシミスジの幼虫の食草

●ホシミスジ、ルリシジミなど

| 集客力 | ●●●○○○ | 分類 | バラ科 シモツケ属[Spiraea] | 咲き方 | 灌木 | 開花 | 4～5月（4月） | 耐寒 | 強 | 耐暑 | 強 | 草丈 | 1～1.5m |

ユキヤナギやコデマリにはルリシジミなどもやってきますが、それほどたくさんのチョウが来ることは少ないと思います。けれどホシミスジというチョウの幼虫が食べるのがユキヤナギやコデマリです。

ホシミスジは年に一度、6月中旬から現れるチョウで、場所にもよりますが7月いっぱいは見られます。ぼくの庭では8月末まで元気に活動しています。卵から孵った幼虫は年内は小さく葉を綴って中に隠れています。翌年の春に目覚めた幼虫はかくれんぼが上手で見つけるのが難しいほどです。葉を食べる害虫と思わないでください。それほどたくさんは発生しませんし、ゆっくり育つので、葉が食べられても気がつくことはまれでしょう。

ユキヤナギ

ホシミスジ（交尾、メス下、7月）

Column

ホシミスジの一生

ホシミスジは本来は山のシモツケなどで発生するチョウですが、ユキヤナギやコデマリが人家の庭などに植えられることで増えました。年1回の発生で、卵は葉の裏に産みつけられ、越冬した幼虫は初夏に大きくなり、枯葉のような蛹になります。幼虫も蛹も、植物の一部のように見えます。

卵の直径は1mmもない。

コデマリにいた幼虫。みごとな保護色

蛹はまるで枯葉みたいだ。

レンゲ ── 花壇のグラウンドカバーに向く植物
●モンシロチョウなど

集客力	● ● ○ ○ ○	分類	マメ科 ゲンゲ属[*Astragalus*]

咲き方	２年草	開花	５月（3〜4月）	耐寒	やや強

耐暑	強	草丈	20cm

レンゲ畑でミツバチが飛び交ったり、モンシロチョウが飛んでいるのを見ると、心が和みます。そこで庭にレンゲの種を播いてみました。レンゲは秋に芽生え、春に花を咲かせる二年草です。暖かな地方では、３月が花盛りですが、私の庭のある小諸は寒いので、レンゲの花が咲いたのは５月の連休明けでした。種を播く時期も重要で、小諸では８月下旬に播かないと、うまく冬越しをしません。暖かい地方では９月下旬でいいと思います。

レンゲを畑で育てているところでは、緑肥（畑に植えた植物を土壌にすき込んで肥料にする）にするために、花が咲き終わる前にすき込んでしまいます。面白かったのは、ぼくの庭ではそのままにしておいたら、７月初めまで咲いていたことです。こぼれ種（人間が播いた種子ではなく、植物から自然にこぼれ落ちた種子）から発芽したものは一部、９月末に花を咲かせました。

真夏は元気がありませんが、葉もきれいで、グラウンドカバー（花壇などの土が見えているスペースを埋めてくれる植物）にも向いているかなと思います。おまけに窒素を固定するので、肥料代わりにもなります。レンゲの根に共生する根粒菌は空気中の窒素を植物が使える形に変えるはたらきがあるのです。

ただ残念なことに、チョウは思ったほどやってきませんでした。ミツバチが多い場所では、きっとたくさんミツバチが花を訪れることと思います。

モンシロチョウ（4月）

カタバミ —— ヤマトシジミの幼虫の食草

● ヤマトシジミ、クロツバメシジミなど

| 集客力 ●●●○○ | 分類 カタバミ科 カタバミ属[*Oxalis*] | 咲き方 宿根草 | 開花 5〜11月（4〜11月） | 耐寒 強 | 耐暑 強 | 草丈 10〜20cm |

カタバミを植える人はいないでしょう。けれど、どこにでも生えてくる植物です。カタバミは都会に多いヤマトシジミの幼虫が食べる植物です。園芸店で売っているオキザリスもカタバミの仲間です。

カタバミの黄色の花は、ヤマトシジミ以外のシジミチョウの仲間にも好まれます。

砂利を敷いた場所などにカタバミが生えてきたら、そのまま残して、観察してみるのもいいと思います。

ヤマトシジミ

クロツバメシジミ

Column

季節外れのレンゲの花

小諸は10月には急激に気温が下がるので、2018年9月に播いたレンゲは全滅でした。そこで6月末から断続的に少しずつ播いてみました。雑草を抑えるグラウンドカバーの役割と、来年の春にたくさん咲くようにと思ったからです。すると、9月末に花を開いたレンゲもありました。レンゲは8月の猛暑のときには弱りますが、9月に入ると元気を取り戻し、10月には相当に繁茂しました（写真）。

レンゲの種を播く場合、そのまま播くのではなく、ビニール袋に砂と一緒に入れ、少し揉んで種に傷をつけると発芽率が上がります。種が固い植物には有効な方法です。

9月末に咲いたレンゲ

下の方はレンゲの葉。グラウンドカバーになっている（10月の様子）。

ハルジオン —— ウスバシロチョウやベニシジミにとても好まれる

●ウスバシロチョウ、ベニシジミなど

| 集客力 ●●●●○ | 分類 キク科 ムカシヨモギ属[Erigeron] | 咲き方 宿根草 | 開花 5〜6月(4〜5月) | 耐寒 強 | 耐暑 強 | 草丈 60cm |

ハルジオンはもともとは園芸種として渡来した北米原産のキク科の植物です。ヒメジョオンとよく似た花ですが、ヒメジョオンより早く咲きます。ハルジオンは東京では4月中旬から、ぼくの庭のある長野県小諸では5月の連休明け頃から咲きます。ヒメジョオンが咲くのはもう少しあとです。

ハルジオンとヒメジョオンはよく似ていますが、つぼみがうなだれるようにつくのがハルジオンです（右ページの右下の写真）。ヒメジョオンはほうっておくと一面にはびこり、始末に負えません。見つけしだい、抜いたほうがいいでしょう。

ハルジオンはもともと花壇に植える花として渡来したものなので、ヒメジョオンに比べると、しっかりした花つき（花のつき具合）です。ハルジオンもかなり増える雑草ですが、ヒメジョオンに比べれば、まだましです。宿根草ですが、種でよく増えるので、花の咲き終わる前に抜いてしまうぐらいがいいと思います。それでも秋には種から育ったハルジオンの苗がたくさんできます。それも適当に抜いておかないと、増えすぎてしまいます。

ハルジオンはウスバシロチョウやモンシロチョウなどのシロチョウ科のチョウや、ベニシジミのようなシジミチョウ科のチョウにとても好まれる花で、ぼくの庭では絶えずいろいろなチョウがやってきます。他にもハナバチやハナムグリなどさまざまな昆虫に好まれます。

ベニシジミ

ヤマトシジミ

ミドリヒョウモン

ヤブキリ（幼虫）

ハナアブ

コアオハナムグリ

Column

ハルジオンと
ヒメジョオンの違い

　ヒメジョオンは、ハルジオンが終わる6月中旬ぐらいから目立つ雑草です。ハルジオンより背丈が高く、細い植物です。ハルジオンほどではありませんがチョウにも好まれる花です。しかし貧乏草と呼ばれるぐらい、手入れをしない庭では増えすぎるので、要注意です。

ヒメジョオン

ハルジオンのつぼみはヒメジョオンとちがってうなだれている。

スミレ —— ヒョウモンチョウ類の幼虫の食草
●ツマグロヒョウモン、ミドリヒョウモン、スジボソヤマキチョウなど

集客力 ●●●○○ ｜ 分類 スミレ科 スミレ属［*Viola*］ ｜ 咲き方 宿根草 ｜ 開花 4〜5月（3〜4月） ｜ 耐寒 強 ｜ 耐暑 強 ｜ 草丈 10〜20cm

　日本のスミレ類にはアブやハチがやってきて、野外ではシロチョウの仲間やギフチョウがやってくることもありますが、ぼくの庭では小さなハチなどはよく来ても、チョウはほとんどやってきません。それは、チョウが好む花が他にもっとあるからです。雑草でもタンポポやハルジオンのほうが圧倒的にチョウを呼び寄せます。パンジーとなると、同じスミレ類なのに、まったくといっていいほど、チョウはおろかハチも来ません。

　ただし、スミレ類はヒョウモンチョウ類の幼虫の食草です。ぼくの庭ではヒョウモンチョウの仲間がたくさん棲んでいますが、それは草地や花壇にスミレの仲間がたくさんあるからです。けれど、多くのヒョウモンチョウの仲間は食草としてパンジーをあまり好みません。

　一方、都会にも多いツマグロヒョウモンだけはパンジーもよく食べます。ツマグロヒョウモンはもともと関東や中部では少なかったのですが、パンジーが庭に盛んに植えられるので、どこででも見られるチョウになっています。幼虫はトゲトゲの多い毛虫（右ページ写真）で、あまり気色のいいものではありませんが、成虫はたいへん美しい。庭のパンジーは、花が終わっても抜かないでおけば、ツマグロヒョウモンが食草を求めてやってくる可能性があります。

■いろいろなスミレ類

ニオイスミレ（園芸種）

マルバスミレ

アメリカスミレサイシン

ニョイスミレ

スミレ

タチツボスミレ

ツマグロヒョウモン(メス、7月)　産卵のため地面に下りてスミレを探す。

ツマグロヒョウモン(終齢幼虫)

メスグロヒョウモン(終齢幼虫)

ミドリヒョウモン(終齢幼虫)

スジボソヤマキチョウ／ニオイスミレ(5月)

ミドリヒョウモン(産卵、9月)

スミレがある近くの木に産卵する。
幼虫は翌春に地面に下りてスミレを探す。

ナノハナ／ムラサキハナナ ── モンシロチョウなど多くのチョウに好まれる

●モンシロチョウ、ベニシジミ、トラフシジミ、ツマキチョウなど

集客力 ●●●●● 分類【ナノハナ】アブラナ科 アブラナ属[Brassica]、【ムラサキハナナ】アブラナ科 オオアラセイトウ属[Orychophragmus] 咲き方 二年草
開花 4〜5月(3〜4月) 耐寒 強 耐暑 強 草丈 60cm〜1m

ナノハナやムラサキハナナは二年草のアブラナ科の植物です。種播きは夏の終わりから秋で、花を咲かせるのは翌春です。ナノハナは品種によっては秋にも花を咲かせるものもあります。

ナノハナの花はモンシロチョウをはじめとして多くのチョウに好まれます。ナノハナ畑を作るほど広い庭はめったにないでしょうから、5〜6本、ナノハナを育ててみるのはいかがでしょうか。

ムラサキハナナは庭向きだと思います。半日陰でもよく育つので、庭に種を播くのもいいかと思います。通常、ナノハナより少し遅れて紫色の美しい花を咲かせます。葉はモンシロチョウやスジグロシロチョウ、ツマキチョウの食草にもなります。

クレソンもアブラナ科の植物で、スジグロシロチョウやシジミチョウなどが来る白い花を咲かせます。ただし、河川敷や小川に群生して咲く植物なので、バタフライガーデンには向きません。

トラフシジミ／ナノハナ(5月)

オナガアゲハ／ムラサキハナナ(6月初め)

ツマキチョウ(産卵)／ムラサキハナナ(4月)

ツツジ —— アゲハチョウの仲間に好まれる

●ナミアゲハ、カラスアゲハ、ジャコウアゲハなど

| 集客力 | ●●●○○ | 分類 | ツツジ科 ツツジ属[*Rhododendron*] | 咲き方 | 灌木 | 開花 | 5月(4〜5月) | 耐寒 | 強 | 耐暑 | 強 | 草丈 | 1〜2m |

ツツジの仲間はアゲハチョウの仲間にとても好まれます。特にヤマツツジと呼ばれるオレンジ色の花を咲かせるツツジやごく普通のオオムラサキツツジは黒いアゲハチョウ類をよく呼びます。最近はレンゲツツジを改良した派手な色の大きな花を咲かせるレンゲツツジの改良種が人気ですが、チョウにはあまり好まれません。

3点の写真はすべてヤマツツジ(5月)

ナミアゲハ(春型、5月)

カラスアゲハ(春型、5月)

ジャコウアゲハ(5月)

シバザクラ ── 花が寂しい季節に彩りを添える

●ジャコウアゲハ、キアゲハなど

[集客力] ●●○○○

[分類] ハナシノブ科 フロックス属[Phlox]

[咲き方] 宿根草　[開花] 4〜5月（3〜4月）　[耐寒] 強

[耐暑] 強　[草丈] 10cm

　シバザクラは4月に花を咲かせるポピュラーな植物です。もちろんジャコウアゲハやキアゲハなどのチョウも来ますが、それほど好まれる花ではありません。けれど、色が寂しい季節にシバザクラが咲いていると、ほっと心が和むのではないでしょうか。まったくチョウが来ないというわけではないので、日当たりのいいスペースがあったら、植えてみるのもいいでしょう。

ジャコウアゲハ（オス、5月）

キアゲハ（4月）

トベラ・ピラカンサ・ヒメウツギ ── アオスジアゲハは白い花が好き

●アオスジアゲハなど

[集客力] ●●●●○

[分類]【トベラ】トベラ科 トベラ属[Pittosporum]

【ピラカンサ】バラ科 トキワサンザシ属[Pyracantha]

【ヒメウツギ】アジサイ科　ウツギ属[Deutzia]

[咲き方] 宿根草　[開花] 5月（5月）　[耐寒] やや弱

[耐暑] 強　[草丈] 1〜2m

　トベラやピラカンサは公園などにも咲いていますが、5月に咲き、アオスジアゲハをよく呼ぶ花です。アオスジアゲハは白い花が好きで、同じく公園などに植えられるヒメウツギの花も大好きです。和洋折衷の庭なら、おすすめできる灌木です。花期は短く、2〜3週間です。

アオスジアゲハ／ヒメウツギ（5月）

アオスジアゲハ／ピラカンサ（5月）

バタフライガーデン **初夏**

　小諸では木々の葉が開き、陽光に緑がまぶしい季節はゴールデンウイーク明けにはじまります。はじめのうちはチューリップが咲いている庭ですが、やがて宿根草が伸びはじめ、5月末から6月にはチョウが好むさまざまな花が咲きます。関東や関西では梅雨入り前までが初夏の季節ですが、寒冷地では花壇の花は6月に入ってから急激に成長します。暖かい地方では5月末から、小諸では6月中旬には春に産みつけられた卵から育ったチョウも飛ぶようになります。

あっという間に春が駆け抜け、初夏がやってきました。

ぼくのバタフライガーデンがある場所は標高が750mぐらいです。小諸は春が遅く、〈春のバタフライガーデン〉でとりあげたタンポポが満開になるのは5月の連休頃で、5月いっぱい、タンポポがよい吸蜜源になります。一般には3月から4月に咲くムラサキハナナやナノハナも、タンポポとほぼ同じ時期に咲きます。

ぼくの庭では、初夏は5月末からはじまり、6月いっぱいが初夏の花が咲く季節です。東京など暖かな地方では、初夏の花は5月いっぱいで終わりでしょう。

ぼくの庭で、6月にチョウを呼ぶ最も重要な吸蜜源植物は、ムシトリナデシコです。江戸時代にヨーロッパから園芸用として移入された帰化植物で、「小町草（コマチソウ）」の別名もあるムシトリナデシコは、濃い赤紫のかわいらしい花をたくさんつけます。乾燥にもめっぽう強く、梅雨前の乾燥した時期に花を咲かせます。ムシトリナデシコがあるだけで、6月はチョウであふれています。

〈春のバタフライガーデン〉でとりあげたように、庭にはスミレがたくさんあります。スミレを食べる大型のヒョウモンチョウ類は庭で育ち、ちょうどこの季節に羽化し、ムシトリナデシコの花に群れています。あとでもふれるように、アゲハチョウ類もまだ春型（蛹などで越冬し、春に成虫になったもの）が生き残っていて、ムシトリナデシコの花が大好きです。

庭の草地にはモンキチョウの幼虫が好むムラサキツメクサが多いので、春に産みつけられた卵から育ったモンキチョウが、6月中旬を過ぎると多くなります。このチョウも、花壇ではムシトリナデシコが特にお気に入りのようです。

ムシトリナデシコの種は売っていないと思いますが、河原や道

モンシロチョウ（夏型、6月）

ばたにも多いので、７月に種を採ってきて夏の終わり頃に播くといいと思います。ありとあらゆるチョウに好まれるので、この花を植えておくだけで、初夏のバタフライガーデンはなんとかなります。

　しかし、夏の植物を準備するのもこの時期です。この時期にさまざまな宿根草の苗が売られています。今は宿根草専門の大きな園芸店もあり、ネットでも購入できるので、便利です。

　６月に購入した宿根草は、その年に花をたくさんつけるものもありますが、多くは翌年にならないと大きく育ちません。販売されているのは小さな苗ですから、そのことを承知で、翌年に花をたくさん咲かせるためと割り切ってください。大きい株が売られていればしめたものですが、当然、値段も高くなります。秋に売れ残ったフロックスなどが安価で売られていればラッキーで、翌年の夏にはた

くさん花をつけます。

　ぼくの庭では６月に草地で発生するのが、〈ぼくのバタフライガーデン〉のところでふれた、ヒメシジミです。小型ですが、とても美しいチョウで、全国的には絶滅が危惧される地域も多いチョウです。

　ぼくの庭では草地は自然のままに保っていますが、ヒメシジミが出る少し前に一部草刈りをしました。ヒメシジミは地上で蛹になるので、ヒメシジミがすべて蛹になった６月10日頃の草刈りは問題がありません。草刈りは根元からするのではなく、ふたたび同じ植生にもどるように、高さ20cm程度で刈るのがいいのです。根こそぎ刈ると、あっという間に単子葉植物やありがたくない外来種にとって代わられてしまいます。

　初夏のバタフライガーデンを見ていきましょう。

ムシトリナデシコが一面に咲く初夏のバタフライガーデン

29

ムシトリナデシコ —— 初夏のバタフライガーデンの主役

● モンシロチョウ、ヒョウモンチョウ、セセリチョウ、アゲハチョウなど

集客力 ●●●●● 　分類 ナデシコ科　マンテマ属[*Silene*] 　咲き方 二年草 　開花 6月（5月） 　耐寒 強 　耐暑 強 　草丈 50cm

　ムシトリナデシコは、前にもふれたように、ヨーロッパ原産のナデシコ科の二年草です。「ムシトリ」とはいっても食虫植物ではありませんが、茎の上部に粘液を分泌する部分があります。ハエやアリなどがくっつくことがあるのですが、これは下から登ってくる虫に花を食べられないようにするための防衛戦略でしょう。

　現在は種を売っているのを見かけませんが、河原や道ばたによく生えているので、花の咲いている時期に場所を覚えておき、種を採ってきて、秋に播けば、翌年の5月末頃に開花します。種は筒状のさやに入っていてとても小さく、逆さにしただけで、たくさん種がこぼれ出します。きわめて丈夫で、乾燥にも強い植物です。この季節、あ

らゆるチョウに最も好まれる花ですから、バタフライガーデンには、特におすすめの花です。

　ムシトリナデシコはアゲハチョウの仲間にもたいへん好まれますが、この花の咲く時期はアゲハチョウ類はまだ幼虫か蛹で、やってくるのはぼろぼろになった春型だけです。夏型（蛹で越冬したものが春に成虫になって産卵し、それが夏に成虫になったもの）はまだ発生していないことが多いのです。場所によってはナミアゲハやキアゲハの夏型の発生と時期が合う場所もありますし、北海道や東北の寒冷地ではミヤマカラスアゲハの春型の時期とちょうど合います。

モンシロチョウ（夏型オス、6月）

ウラギンヒョウモン（上）とスジボソヤマキチョウ（オス下、6月）

モンキチョウ（6月）

ウラギンヒョウモン（6月）

ヒメキマダラセセリ（6月）

ムシトリナデシコに来るチョウたち

ミヤマカラスアゲハ（春型、6月）

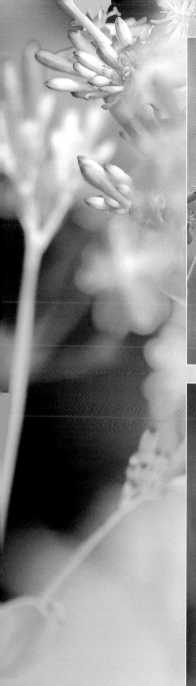

カラスアゲハ（春型メス、6月）

クロアゲハ（春型オス、6月）

33

アメリカナデシコ／カワラナデシコ ——チョウがとても好むが、ムシトリナデシコにはかなわない

●ウラギンヒョウモン、メスグロヒョウモン、ミヤマカラスアゲハなど

集客力 ●●●●○ 分類 ナデシコ科 ナデシコ属[*Dianthus*] 咲き方 宿根草 開花 5〜6月（5月） 耐寒 強 耐暑 やや強い 草丈 50cm

　アメリカナデシコやカワラナデシコは宿根草です。両方ともチョウがとても好む花です。花が咲くのは前項（30ページ）のムシトリナデシコより少し早く、小諸の庭ではヒョウモンチョウの仲間などがやってきます。ただ花期は短く、1ヶ月もありません。同じナデシコ科の花でも、ムシトリナデシコと比べると、集客力（チョウを呼び寄せる力）はやや低いようです。時期が重なるので、ムシトリナデシコが咲いていないときは好まれるのですが、ムシトリナデシコが咲きだすと、チョウはあまり来なくなります。

ウラギンヒョウモン／アメリカナデシコ（6月）

メスグロヒョウモン（オス）／アメリカナデシコ（6月）

北海道ではカワラナデシコの花とミヤマカラスアゲハ春型の出現期が一致する

ミヤマカラスアゲハ／カワラナデシコ（5月31日）

フランスギク／シャスターディジー —— 清楚な花がチョウにも好まれる

●ヒョウモンチョウ、モンキチョウ、ダイミョウセセリなど

集客力 ●●●○○　　分類 キク科 フランスギク属[Leucanthemum]　　咲き方 宿根草

開花【フランスギク】5〜6月(5月)、【シャスターディジー】6〜7月(5〜6月)　耐寒 強　耐暑 強　草丈 60cm

フランスギクは帰化植物で、田舎では土手などにたくさん咲きます。高原などで増えると嫌がられますが、たいへんきれいで清楚な花を咲かせ、チョウにも好まれる花です。

シャスターディジーはフランスギクを立派にしたような植物で6月末から7月に咲き、昔から庭によく植えられています。同じようにチョウはやってきますが、どちらかといえばフランスギクのほうが好まれます。

モンキチョウ／フランスギク(6月)

ダイミョウセセリ／フランスギク(5月31日)

オオウラギンスジヒョウモン／シャスターディジー(7月)

35

６月の草地のバタフライガーデン

ぼくの小諸の庭では、花壇以外の場所は、道の草刈り、伸びすぎた枝切り、草丈を抑える若干の草刈り、草地に害を与えるような植物の除去以外は自然にまかせています。家のまわりに若干の花や潅木（かんぼく）（一般に２～３ｍ以下の低木）が植えてあります。

６月の草地で発生するのは、前にもとりあげたヒメシジミです。この準絶滅危惧種のチョウは、小諸では幼虫がヨモギを食べます。場所によっては違う植物を食べるようです。

卵で越冬し、幼虫は４月に孵化し、５月に育ちます。幼虫のまわりにはいつもアリがつきまとっています。アリを引き寄せる匂いを出し、体内からほんの少し液を出します。アリを引き寄せておいて、アリに守ってもらうというわけです。

６月に草地や家のまわりで発生するのは、ヒメシジミ以外にも、年に何度も出るツバメシジミやベニシジミ、ヒメウラナミジャノメ、ヒメキマダラセセリ、コミスジ、ウラジャノメ、スジグロシロチョウ、ヤマトスジグロシロチョウ、キタテハ夏型、シータテハ夏型など、枚挙に暇がありません。道ばたや多肉植物を植えてある場所にはカタバミも多く、ヤマトシジミやルリシジミも第２化（同じ年で２回目に出た成虫）が多くなる季節です。

６月下旬になると、花が終わったユキヤナギのまわりを、ホシミスジがたくさん飛び交います。カエデのまわりにはミスジチョウが飛んでいます。ウメを植えれば、間違いなくオオミスジが発生します。６月は一気にチョウの種類が増える季節です。

ヨモギの葉を食べるヒメシジミの幼虫。いつもアリがつきまとっている。

ヒメシジミ（交尾、メス左）／ヨモギ

6月の草地にいたチョウたち

ヤマトスジグロシロチョウ（夏型オス）

ヒメシジミ（メス）

ヒメシジミ（オス、飛翔）

ルリシジミ

イチモンジチョウ

ホシミスジ

ウラジャノメ

アサマイチモンジ

カラスシジミ

ムラサキツメクサ／クローバー —— 花も葉もチョウに好まれる

●スジボソヤマキチョウ、モンキチョウ、シジミチョウなど

集客力 ●●●●○ **分類** マメ科 シャジクソウ属[*Trifolium*] **咲き方** 宿根草 **開花** 5〜10月（4〜11月） **耐寒** 強 **耐暑** 強 **草丈** 20〜40cm

ムラサキツメクサはもともとは牧草として渡来した帰化植物です。よく見ればとても美しい花だと思います。根をしっかりと張るので、土留めなどにも使えます。公共の場所でも土留めにはセイヨウシバよりいいと思います。ですから逆にいえば、花壇に入り込むと、除去するのがたいへんです。

多くのチョウが好む花で、モンキチョウやツバメシジミの食草にもな

ります。ぼくの小諸の庭では道ばたなどにたくさん生えています。基本、そのままにしておきますが、花壇のものは適当に間引いています。

クローバー（シロツメクサ）も多く、この花もハナバチやシジミチョウの仲間に好まれます。花は真夏はあまり咲きませんが、秋にまた咲きます。ツバメシジミはクローバーのつぼみや花に卵を産んでいます。

ヒメシジミ（メス）／ムラサキツメクサ（6月）

スジボソヤマキチョウ／ムラサキツメクサ（7月）

モンキチョウ（産卵）／ムラサキツメクサ（7月）

ヒメシロチョウ（絶滅危惧種）／ムラサキツメクサ（6月）

ナミヒョウモン（準絶滅危惧種）／ムラサキツメクサ（6月）

ミヤマシジミ（絶滅危惧種、メス）／クローバー（6月）

ラベンダー ── モンキチョウやタテハチョウがやってくる

● クジャクチョウ、モンキチョウ、チャバネセセリなど

| 集客力 | ●●●○○ | 分類 | シソ科 ラヴァンドラ属[*Lavandula*] | 咲き方 | 宿根草 | 開花 | 6〜7月（5〜6月） | 耐寒 | 強 | 耐暑 | あまり強くない | 草丈 | 20〜40cm |

　ラベンダーはよい香りのする植物で、さまざまな品種が売られています。一般に6月から7月が花期ですが、品種によっては4月末から11月頃まで咲くものもあります。ただし、よく咲いているのは6月末から7月です。広い庭ではモンキチョウやタテハチョウの仲間など、さまざまなチョウを呼びます。どちらかといえば乾燥した場所が好きなので、家の壁沿いなどで日当たりのいい場所があればおすすめです。背はあまり高くならないので、ぼくの庭では、伸びはじめたフジバカマの陰になって、あまりいい結果は得られませんでした。

ミヤマチャバネセセリ（5月末）

モンキチョウ（オス、7月）

スジグロシロチョウ（夏型メス、7月）

クジャクチョウ（北海道、7月）

ヒョウモンチョウ類の見分け方──裏面で区別する

大型ヒョウモンチョウの仲間のオスは、みなそっくりです。見なれても、写真の撮り方によっては、さて何だったかなということになりかねません。翅の表よりも裏に特徴のある種類が多いので、必ず翅の裏も撮っておいて、表と裏をよく見て名前を調べましょう。

ツマグロヒョウモン（❶）やメスグロヒョウモン（❷）はオスとメスがずいぶん異なり、メスは他のヒョウモンチョウとはずいぶん違う模様なので、間違えることはないでしょう。ツマグロヒョウモンのオスは後翅の縁が黒く、これはツマグロヒョウモンだけの特徴なので、見間違うことはないと思います。

メスグロヒョウモンのオスは翅の裏面が特に特徴があるので、裏面を見て区別します。

次ページのミドリヒョウモン（❹）は　翅の裏に緑色っぽいスジがあります。クモガタヒョウモン（❸）は、一年じゅう発生するツマグロヒョウモンを除けば、一番早く出るヒョウモンチョウで、暖地では5月の連休頃から見られます。翅の裏がぼやーっとした模様（次ページ右上の写真）で、これがクモガタヒョウモンの名前の由来です。メスは前翅の表の先のほうに小さな白い紋があります。これは、ギンボシヒョウモン（❺）とウラギンヒョウモン（❻）を除く、大型ヒョウモンチョウのメスの特徴です。

❶ ツマグロヒョウモン

オス(表)／ヒャクニチソウ(8月)

メス(表)／ブッドレア(10月)

❷ メスグロヒョウモン

オス(表)／ムシトリナデシコ(6月)

メス(表)／オカトラノオ(9月)

オス(裏)／アメリカナデシコ(6月)

メス(裏)／アザミ(6月末)

❸ クモガタヒョウモン

オス（表）／フランスギク（6月）　　　　メス（裏）／ムシトリナデシコ（6月）

❹ ミドリヒョウモン

オス（表）／ムシトリナデシコ（6月）

オス（裏）／ムシトリナデシコ（6月）

❺ ギンボシヒョウモン

オス（表）／ムラサキツメクサ（6月）

オス（裏）／ムラサキツメクサ（6月）

❻ ウラギンヒョウモン

オス（表）／ムシトリナデシコ（6月）

オス（裏）／アメリカナデシコ（6月）

ウラギンスジヒョウモンと
オオウラギンスジヒョウモンの見分け方

ウラギンスジヒョウモンは絶滅危惧II類の珍しいチョウで、限られた草地に棲んでいます。オオウラギンスジヒョウモンはやや大型で、移動性の強いチョウですから、東京に現れることもあります。よく似たチョウですが、翅の形が丸っこいのがウラギンスジヒョウモンです。それに対してオオウラギンスジヒョウモンは、翅の先が突出しています。

ウラギンスジヒョウモン（左、絶滅危惧種、メス）、オオウラギンスジヒョウモン（右、メス）／チョウセンヨメナ（7月）

ウラギンスジヒョウモン

オス／サンジャクバーベナ（7月）

メス／チョウセンヨメナ（7月）

メス（裏）／チョウセンヨメナ（7月）

オオウラギンスジヒョウモン

オス／ブッドレア（7月）

メス／チョウセンヨメナ（7月）

メス（裏）／チョウセンヨメナ（7月）

バタフライガーデン 夏

　7月は梅雨で、雨にあたり、庭の植物も急激に成長します。暖かな地方ではノアザミはそろそろ終わりますが、小諸では6月末から7月いっぱい花を咲かせ、たくさんのチョウを呼びます。庭に植えたモナルダやフロックスなどの夏に咲く宿根草も、6月末から花を咲かせ、どんどん大きくなっていきます。

　7月は雨でうっとおしい季節でもありますが、チョウたちがもっとも元気なのも7月です。梅雨とはいっても一日じゅう雨が降ることは少なく、ちょっとでも日が射せば、庭はチョウであふれます。花壇の雑草も急激に成長するので、適度な草取りも必要になります。夏のバタフライガーデンを見ていきましょう。

イケマ ── キバネセセリはイケマの蜜が大好き

●キバネセセリなど

イケマの花で虫を待つアマガエルと蜜を吸うキバネセセリ

| 集客力 | ●●●○○ | 分類 | キョウチクトウ科 イケマ属[*Cynanchum*] | 咲き方 | 宿根草 |

| 開花 | 7月（7月） | 耐寒 | 強 | 耐暑 | あまり強くない | 草丈 | 1m以上（蔓性） |

　イケマはアサギマダラの食草です。暑いのが苦手な植物で、一般的にはバタフライガーデンには適しませんが、イケマの白い花が咲くと、ハナカミキリがやってきます。ぼくの庭に棲むキバネセセリはイケマの花の蜜が大好きで、いつも10匹以上群れていました。もし植える場合は、蔓性の植物なので、フェンスなどにからませるのがいいでしょう。

キバネセセリ（7月）

ノコギリソウ —— チョウも来るが花そのものを楽しみたい

●ツバメシジミ、ジャノメチョウなど

| 集客力 ●●○○○○ | 分類 キク科 ノコギリソウ属[Achillea] | 咲き方 宿根草 | 開花 6〜7月(5〜6月) | 耐寒 強 | 耐暑 強 | 草丈 60cm |

　ノコギリソウは園芸店ではアキレアという名で売られています。昔は白い花のものだけだったのですが、今は黄色や赤系統のものも売られています。雨で徒長して倒れやすいのが難点です。チョウはそこそこ来ますが、チョウにとって、それほど魅力的な花ではないので、ぼくの庭ではいろいろな花を楽しむということで植えてあります。

ツバメシジミ(メス、6月)

ヒメシジミ(メス)／赤のノコギリソウ(6月)

ジャノメチョウ(オス、7月)

ソバ —— シロチョウの仲間には特に好まれる

●シロチョウの仲間、クジャクチョウなど

集客力 ●●●●○ **分類** タデ科 ソバ属[*Fagopyrum*] **咲き方** 一年草 **開花** 種を播いて1ヶ月後 **耐寒** 弱 **耐暑** やや強 **草丈** 1m

ソバは畑で栽培される作物ですが、チョウにとても好まれる花です。信州では春から9月までいつでも播くことができて、播いてから1ヶ月で花を咲かせ、2ヶ月でソバの実が採れます。成長が速く、見た目もきれいなので、6月初めに少しだけ種を播いておけば、7月にチョウがやってきます。ソバは霜にはとても弱く、1回でも霜に当たると枯れてしまいます。

花は白で、とてもきれいです。背丈も1mほどで、他の花と一緒に植えても見栄えがします。あまり群生させないで、花と花のあいだに種を播くのがいいと思います。アゲハチョウ類以外のほとんどのチョウに好まれる花です。紫外線をよく吸収し、シロチョウの仲間には特に好まれます。

ソバの花は花壇にも向くと思う。

ヤマトスジグロシロチョウ（夏型、6月）

ウラギンスジヒョウモン(7月)

ヒメシジミ(メス、6月)

シータテハ(秋型、9月)

クジャクチョウ(9月)

アザミ —— 最もよくチョウを呼ぶ植物の一つ

●アゲハチョウの仲間、スジボソヤマキチョウなど

[集客力] ●●●●● [分類] キク科 アザミ属[Cirsium] [咲き方] 宿根草
[開花] 6~7月(5~6月) [耐寒] 強 [耐暑] 強 [草丈] 1m

　野原に咲くノアザミはとても美しいと思います。花壇にあまり植えられていないのは、あまりにも普通にあるのと、棘があるからだと思いますが、最近では野外で草刈りや圃場整備でアザミの花がなくなってしまう場所もあるようです。今、日本で一番絶滅の危機に瀕しているヒョウモンモドキというチョウが生息する広島県世羅町では、チョウを保護するための吸蜜源としてノアザミを育てています。

　アザミはチョウを最もよく呼ぶ植物の一つで、特にアゲハチョウの仲間にとても好まれます。さまざまな種類のアザミがありますが、ほとんどのアザミがチョウをよく呼びます。園芸店で売っていないのが難点です。種から育てると、花が咲くのに2年ほどかかる場合が多いと思います。

ナミアゲハ(夏型、7月)

ウラギンヒョウモン(7月)

クロアゲハ(夏型オス、7月)

スジボソヤマキチョウ(オス、7月)

アザミに来るチョウ

オナガアゲハ（7月）

カラスアゲハ（メス、7月）

キアゲハ（7月）

スジボソヤマキチョウ（7月）

オカトラノオ ── 花期は短いけれどチョウをよく呼び寄せる

●ヒョウモンチョウの仲間、セセリチョウの仲間など

集客力 ●●●●● 分類 サクラソウ科 オカトラノオ属[*Lysimachia*] 咲き方 宿根草 開花 6〜7月(5〜6月) 耐寒 強 耐暑 強 草丈 60cm

日本原産のオカトラノオは、花穂(かすい)(72ページ参照)が虎の尾のように垂れ下がっていて、清楚な白い花を咲かせます。チョウをとてもよく呼び、特にヒョウモンチョウやセセリチョウの仲間に好まれます。小諸では6月末から7月中旬が花期で、暖かい地方では5月末頃から6月に咲きます。自然状態では林の近くに咲いています。ぼくの庭にはもともと林縁にたくさんあったので、まわりの植物を少し除去したら、たくさん花を咲かせました。山野草のカテゴリーとして宿根草として苗を売っているのを園芸店で見かけることもあります。花期が3週間ほどと短いのが難点ですが、チョウをよく呼び、姿形もよいので、ボーダーガーデン(盛り土や塀やフェンスなどで背面が高くなっていて、手前が低くて平坦な細長い花壇)にもおすすめの花です。

メスグロヒョウモン(オス、7月)

オオウラギンスジヒョウモン(オス、7月)

オオチャバネセセリ(7月)

キマダラセセリ(7月)

ヒメキマダラセセリ(7月)

花には来ないチョウ

　チョウのなかには花にはまったく来なかったり、ほとんど来ないで、樹液や獣糞など
に来るものもあります。コジャノメやサトキマダラヒカゲは普通に見られるチョウですが、
花には来ません。外来のチョウで、都会に棲みついたアカボシゴマダラも、ほとんど花
には来ません。ヒオドシチョウやルリタテハは春には花に来ることがありますが、夏に
は花にはほとんどやってきません。

ヒオドシチョウ

アカボシゴマダラ(外来種)

コジャノメ

サトキマダラヒカゲ

モナルダ —— 濃いピンクのものが最も好まれる

●キアゲハ、アカタテハ、スキバホウジャクなど

| 集客力 ●●●●○ | 分類 シソ科 ヤグルマハッカ属[*Monarda*] | 咲き方 宿根草 | 開花 6〜8月(6〜7月) | 耐寒 強 | 耐暑 やや強 | 草丈 50cm〜1m |

モナルダは昔は、タイマツバナとかベルガモットとか呼ばれていた花です。ハーブにもなり、ベルガモットティーはよく知られています。

2018年にアメリカにアゲハチョウ類の撮影に行ったときに、国立公園の道ばたに咲くモナルダの花に無数のアゲハチョウ類、ヒョウモンチョウ類やスズメガ科のホウジャクなどが訪れていました。これほどまでにチョウが多く集まる花とは知らなかったので、庭に植えることにしました。

アメリカで見たのは白っぽい薄紫の原種でしたが、日本で売られているのはさまざまな色をした、改良種と思われるものでした。庭に植えたのは濃いピンク、赤、白、薄いピンクの4品種です。品種によって背の高さもずいぶん違うことに驚きました。

最もチョウに好まれたのは草丈が80cmほどの濃いピンクの花を咲かせるものです。6月末に花を開き、7月20日頃には花が咲かなくなったので、切り戻しをしましたが、その後はあまり咲きませんでした。赤いモナルダは9月まで花を咲かせたものもあり、品種により花期の長さが異なるようです。

白にはほとんどチョウが来なかったのは意外でしたが、数輪咲いただけだったからかもしれません。ハナバチ類やホウジャクにも好まれますが、最も好むのは薄いピンクの花を咲かせるモナルダでした。草丈は1.5mにもなり、驚きました。モナルダの苗は20cmほどの小さなものが売られていて、目安としての背の高さは書いてあっても、実際に育てると大きくなりすぎたり、思ったより背が低い場合もあります。

キアゲハ

ヒメキマダラセセリ（7月）

モンキチョウ（8月）

クロスキバホウジャク（7月）

アカタテハ（7月）

55

ルドベキア ── 花期の長い丈夫な花

●ベニシジミ、ジャノメチョウ、ヒョウモンチョウの仲間など

| 集客力 | ●●●○○ | 分類 | キク科 ルドベキア属［*Rudbeckia*］ | 咲き方 | 宿根草 |

| 開花 | 7~9月（6月下旬~9月） | 耐寒 | 強 | 耐暑 | 強 | 草丈 | 50cm~1m |

ルドベキアと呼ばれるのはルドベキア属の植物の総称で、たくさんの種類や品種があります。ルドベキア・ヒラという種類は花が大輪で、改良品種も多いようですが、花期が長いのが特徴で、7月から3ヶ月以上、次々と咲きます。チョウがそこそこやってくる花で、特にベニシジミに好まれました。花が長く咲き、きわめて丈夫なので、花壇に彩りを添える意味で植えるといいでしょう。左下の写真のルドベキア・サハラはヒラの改良種です。

ベニシジミ／ルドベキア・ヒラ（7月）

ルドベキアの一品種（8月）

さまざまな品種がある

ジャノメチョウ／ルドベキア・サハラ（7月）

ウラギンスジヒョウモン／ルドベキア・ヒラ（7月）

ミドリヒョウモン（右）、ウラギンスジヒョウモン（左）／ルドベキア・ヒラ（7月）

Column

庭に植えてはいけない
オオハンゴンソウ

　特定外来植物に指定されているオオハンゴンソウという植物があります。ルドベキアの仲間ですが、非常に繁殖力が強く、湿地などに入り込むと、一面黄色の花畑になってしまいます。背が2mぐらいと高いので、他の植物が生育できなくなるため、問題になります。けっして庭に植えないようにしましょう。

湿地を覆い尽くしたオオハンゴンソウ

チョウセンヨメナ —— 夏のバタフライガーデンには欠かせない

●ヒョウモンチョウの仲間、セセリチョウの仲間など

| 集客力 ●●●●● | 分類 キク科 シオン属[*Miyamayomena*] | 咲き方 宿根草 | 開花 7〜9月上旬(7〜9月上旬) | 耐寒 強 | 耐暑 強 | 草丈 50〜70cm |

チョウセンヨメナはアスターコリエンシスとも呼ばれるキク科の宿根草で、背の高さは60cmほどと花壇に最適です。ヨメナの仲間は茎が細いものが多いのですが、チョウセンヨメナはしっかりとした葉と茎を持ち、直立するので、花壇に向いています。直径4cmほどの薄紫のきれいな花をたくさん咲かせます。どちらかといえばやや乾燥した場所が好きな植物です。7月中旬から咲きはじめ、9月初めまで次々と花を咲かせます。アゲハチョウの仲間以外のほぼすべてのチョウに好まれ、なかでもヒョウモンチョウ類やシロチョウ類にとても好まれる花で、いつも花に何かしらのチョウがとまっています。チョウの集客力、姿形の美しさから、夏のバタフライガーデンには欠かせない花です。

ウラギンスジヒョウモン(メス、7月)

スジグロチャバネセセリ（準絶滅危惧種、7月）

ベニシジミ（7月）

イチモンジセセリ（8月）

モンキチョウ（8月）

サカハチチョウ（夏型、8月）

アカハナカミキリ（7月）

エキナセア —— 長く咲き、そこそこチョウが集まる美しい花

●アカタテハ、ベニシジミ、キアゲハなど

| 集客力 ●●●●○○ | 分類 キク科 ムラサキバレンギク属[Echinacea] | 咲き方 宿根草 | 開花 7〜10月（6〜10月） | 耐寒 強 | 耐暑 強 | 草丈 50〜80cm |

エキナセアは6月から花を咲かせるキク科の植物で、背丈は低からず高からずの60cmぐらいで、花期が長いのが特徴です。さまざまな花色のものが売られていますが、濃いピンクの花を咲かせる一番普通の品種がチョウに好まれるようです。とてもきれいな花を咲かせ、花期も10月までととても長く、バタフライガーデンにはおすすめの花です。なにしろヒャクニチソウと同じくらい花期が長く、毎年出てくるのですから、不精者にも最適です。タテハチョウの仲間など、さまざまなチョウが訪れますが、フロックスやムシトリナデシコなどの同系統の色の花に比べると、集客力はずっと落ちます。長く咲き、そこそこチョウが集まる美しい花としておすすめです。

アカタテハ（7月）

ベニシジミ（7月）

いつもアマガエルが花の上にいた。（7月）

ユリ ── 改良されていないものほどアゲハチョウの仲間が集まる
●キアゲハ、ナミアゲハ、オナガアゲハなど

| 集客力 ●●●●○○ | 分類 ユリ科 ユリ属[*Lilium*] | 咲き方 球根 | 開花 7月(6〜7月) | 耐寒 強 | 耐暑 強 | 草丈 1m |

　夏の山で、ヤマユリに黒いアゲハチョウが来ているのは、とても美しいと思います。花が大きいので、やってくるのはほとんどがアゲハチョウの仲間です。

　ユリはさまざまな種類があり、アゲハチョウに好まれるのはヤマユリ、コオニユリ、オニユリなどです。改良されたスカシユリやヤマユリの改良種のカサブランカなどの花ユリにはほとんどチョウが来ません。改良されていないユリほどアゲハチョウの仲間が集まります。

　スカシユリでも北海道の原野にあるようなオレンジ色の花を咲かせるユリにはチョウがやってきます。一般にユリは花期も短く、一株にたくさんの花をつけ、花が次々に咲くコオニユリ、オニユリ以外はバタフライガーデンにはあまり向いていません。

カサブランカはチョウには
あまり好まれない。

キアゲハ／コオニユリ(7月)

オナガアゲハ／スカシユリ（7月）

コオニユリの花に潜んでいるアマガエル

ナミアゲハ／コオニユリ（7月）

ヒャクニチソウ （ジニア） —— ほぼすべてのチョウが好む花

● アゲハチョウ類、タテハチョウ類、セセリチョウ類など

| 集客力 ●●●●● | 分類 キク科 ヒャクニチソウ属[*Zinnia*] | 咲き方 一年草 | 開花 6〜10月（5〜11月） | 耐寒 弱 | 耐暑 強 | 草丈 30cm〜1.2m |

ヒャクニチソウは中米原産の植物で、ジニアと呼ばれます。アゲハチョウの仲間をはじめ、ほぼすべてのチョウが好む花です。一般的なヒャクニチソウにもさまざまな品種があります。最もチョウに好まれるのは、一重の花を咲かせる背の高いものです。背の低い品種も同じようにチョウを呼びますが、アゲハチョウの仲間は背の高い花を好みます。最近はパステルカラーの品種もありますが、赤、ピンク、黄などの昔ながらのものが好まれます。

名前のとおり花期は100日以上あり、10月末まで咲きつづけます。

原産地では多年草だと思いますが、日本では冬の寒さに耐えられないので、一年草です。苗は4月末頃から販売されているので、早めに植えておけば、それだけ長くチョウを呼びます。種を播く場合は、発芽温度が高いので、5月以降、小諸では5月末頃が種播きの適期です。種から播いた場合、約1ヶ月半で花を咲かせ、霜が降りるまで咲きつづけます。

花期が長く、真夏の暑さにもきわめて強いので、バタフライガーデンにはぜひ植えたい花です。

ウラギンスジヒョウモン（7月）

アカタテハ（9月）

カラスアゲハ（夏型オス、7月）

キアゲハ（夏型メス、8月）

オオチャバネセセリ（9月）

ナミアゲハ（9月）

ウラギンスジヒョウモン（求愛、メス右、オス左、7月）

チョウの来るヒャクニチソウを選ぶ

バタフライガーデンのためにヒャクニチソウを選ぶなら、草丈の高い高性種が最もよくチョウを呼びます。背丈が1m以上になる、昔からおなじみのヒャクニチソウです。

高さが30cmほどにしかならない矮性種（草丈を本来の半分以下に品種改良したもの）が多く売られています。矮性種でもチョウは来ますが、アゲハチョウの仲間のように高い花を好むチョウはほとんど来ません。また背丈が60cmほどのコンパクトなパステルカラーの改良種が近年はよく売られていますが、それほどチョウには好まれません。白、ピンク、黄色、赤の背の高い品種が好まれます。

パステルカラーの改良種

原種系のジニア。この花にはチョウはあまり来なかった。（7月）

クロアゲハ（8月）
高性種のヒャクニチソウによく来た。

ヒメアカタテハ
背の低い品種にもチョウは来ることは来る。

出会うと幸せを呼ぶと言われる「幸せのハチ」ブルー・ビー（ルリモンハナバチ）（8月）

ストケシア ── 背が低いので植え方に注意

●スジボソヤマキチョウ、ウラギンヒョウモン、ジャノメチョウなど

| 集客力 ●●●●○○ | 分類 キク科 ストケシア属[*Stokesia*] | 咲き方 宿根草 | 開花 6〜8月(6〜7月) | 耐寒 強 | 耐暑 やや強 | 草丈 40cm |

　ストケシアは6月からの長いあいだにわたって、次々に薄紫の美しい花を咲かせる宿根草です。シロチョウ、アゲハチョウ、タテハチョウの仲間に好まれます。背が低いので、近くに背が高くなる植物があると、陰になって花つきがあまりよくありません。また、チョウに発見されにくくもなり、集客力が落ちます。宿根草を植える場合、その植物がどれくらい背が高くなるかを考えて配置を決めることも重要です。

ウラギンヒョウモン(6月)

ジャノメチョウ(メス、6月)

スジボソヤマキチョウ(6月)

クルマバナ —— セセリチョウやシロチョウの仲間に特に好まれる

● ミヤマチャバネセセリ、ヤマトスジグロシロチョウなど

| 集客力 ●●●●○○ | 分類 シソ科 トウバナ属[*Clinopodium*] | 咲き方 宿根草 | 開花 7月(7月) | 耐寒 強 | 耐暑 強 | 草丈 50cm |

　クルマバナはぼくの庭では草地にたくさん自生しているシソ科の植物で、背の高さが50cmほどになる日本の野草です。とても小さい薄紫色の花をダンギクのように咲かせます。花が大きければなかなか美しいと思いますが、とても小さいのが残念です。けれど、ぼくの庭の野草のなかではチョウをよく呼ぶ花で、セセリチョウの仲間やシロチョウの仲間には特に好まれます。

キチョウ(夏型、7月)

ウラギンスジヒョウモン(7月)

ミヤマチャバネセセリ(7月)

ヤマトスジグロシロチョウ(夏型オス、7月)

クサフジ —— チョウに好まれるマメ科の植物

●モンシロチョウ、スジボソヤマキチョウ、スジグロチャバネセセリなど

集客力 ●●●●○ ｜ 分類 マメ科 ソラマメ属［*Vicia*］ ｜ 咲き方 宿根草 ｜ 開花 6〜8月 ｜ 耐寒 強 ｜ 耐暑 強 ｜ 草丈 蔓性

　クサフジは牧草などとして使われることもあるマメ科の植物で、かわいらしい紫色の花を6月から8月に咲かせます。草原や荒れ地のマメ科の植物のなかではチョウに好まれる花です。蔓性植物ですが、ぼくの草地では草のあいだから出ていて、葉も小さく、繁茂しすぎて他の植物を枯らすようなこともないようです。シジミチョウの仲間、セセリチョウの仲間、シロチョウの仲間などがやってきて、ツバメシジミやモンキチョウはつぼみに卵を産みます。

スジボソヤマキチョウ（9月）

スジグロチャバネセセリ（7月）

モンシロチョウ（夏型メス、7月）

ツルフジバカマ —— 絶滅危惧種ヒメシロチョウの食草にも吸蜜源にも

●ヒメシロチョウなど

集客力 ●●○○○　分類 マメ科 ソラマメ属[*Vicia*]　咲き方 宿根草
開花 7～8月（7～8月）　耐寒 強　耐暑 強　草丈 50cm（蔓性）

ツルフジバカマはクサフジやカラスノエンドウに似ていますが、葉が厚く、花の咲く時期が7月末から8月と、他の似た花より花期が遅い。絶滅危惧種のヒメシロチョウはこのツルフジバカマだけを食べるので、食草という意味で貴重な植物です。

日当たりがよければ、けっこう生育は旺盛です。蔓性なので他の植物に絡まって背丈が高くなることもあります。

薄紫色のきれいな花を8月に咲かせ、ヒメシロチョウなどが吸蜜に訪れます。

ヒメシロチョウ（8月）

コマツナギ —— 絶滅危惧種ミヤマシジミの食草にも吸蜜源にも

●ミヤマシジミなど

集客力 ●●○○○　分類 マメ科 コマツナギ属[*Indigofera*]
咲き方 灌木　開花 7～9月（7～9月）　耐寒 強　耐暑 強
草丈 50～70cm

コマツナギは絶滅危惧種ミヤマシジミの食草であり、吸蜜源でもあります。高さが50cmほどの灌木です。日当たりのよい場所を好み、花は7月に咲き、赤紫で美しい。こぼれ種でよく増えます。通常、道ばたに生えるので、草刈りによって、ミヤマシジミが棲める場所が少なくなってしまったのは残念です。実際、ミヤマシジミは全国的にかなり減っています。

ミヤマシジミは通常6月から9月まで3回発生（3化性）しますが、生息場所がきわめて限られている貴重なチョウです。ただ、点々と生き残っている場所もあるので、ミヤマシジミの生息が近くで記録されている場所であれば、チョウの保護という観点から、コマツナギを植えるのがいいと思います。

ミヤマシジミ（7月）

アベリア —— 強い香りがチョウやハナバチに好まれる

●オオチャバネセセリ、アカタテハなど

集客力 ●●●●○○　分類 スイカズラ科 ツクバネウツ
ギ属[Abelia]　咲き方 灌木　開花 6〜10月(6〜11月)
耐寒 強　耐暑 強　草丈 1〜1.5m

　アベリアはハナツクバネウツギとも呼ばれ、公園
などによく植えられているスイカズラ科の灌木です。
高さ2mぐらいになることもあるので、生垣などに使
うのがいいと思います。
　日当たりがよければ6月から10月まで長期にわ
たって白や薄いピンクの釣り鐘状の小さな花をたく
さん咲かせます。香りが強く、オオチャバネセセリ、ア
カタテハなど、多くのチョウやハナバチに好まれます。

オオチャバネセセリ(9月)

アカタテハ(9月)

マツバギク —— シロチョウの仲間に好まれる

●モンキチョウ、モンシロチョウなど

集客力 ●●●○○○
分類 ハマミズナ科 マツバギク属[Lampranthus]
咲き方 宿根草
開花 5〜11月(4〜11月)　耐寒 強　耐暑 強
草丈 10〜20cm

　マツバギクは石垣などによく植えられている花です。
乾燥にとても強く、日当たりさえよければ横に大きく
広がり、地面を覆います。花壇に植えるよりも、建
物の縁の裸地とか、駐車場の横などの砂利混じり
の場所とかに植えるといいと思います。花期がとて
も長く、暖地では一年じゅう花を咲かせています。モ
ンキチョウ、モンシロチョウなど、シロチョウの仲間に
好まれますが、集まるチョウの種類は多くはありません。

モンキチョウ(6月)

モンシロチョウ(6月)

リアトリス —— モンシロチョウやスジグロシロチョウの大好物

●モンシロチョウ、ヤマトスジグロシロチョウ、ジャノメチョウなど

| 集客力 ●●●●○○ | 分類 キク科 ユリアザミ属[*Liatris*] | 咲き方 宿根草 | 開花 7〜8月(6〜7月) | 耐寒 強 | 耐暑 やや強い | 草丈 50〜80cm |

リアトリスは北アメリカ原産のキク科の植物です。まっすぐ立った花穂（花が稲穂のように、長い花の軸に群がってつくもの）に薄紫の房状の花を咲かせます。背の高さは60cmほどで、あまり高くならないので、他の植物の陰にならないように注意します。

花期は通常6〜7月で、花の寿命は1ヶ月ほどと短いのですが、さまざまなチョウに好まれます。モンシロチョウやスジグロシロチョウなどのシロチョウ科のチョウに最も好まれる花の一つです。小さな球根を作り、植えっぱなしでも、毎年、花を咲かせてくれます。

ヤマトスジグロシロチョウ（夏型メス、7月）

ジャノメチョウ（メス、8月）

リアトリスはさまざまなチョウに好まれる花だが、花期が短いのが難点だ。品種によって早く咲いたり、遅く咲くものもある。このリアトリスは7月末から咲きはじめ、8月まで咲いていた。

モンシロチョウ（7月）

ジャノメチョウ（オス、8月）

ウラギンスジヒョウモン（メス、7月）

リアトリスに毎日とまっていた
オニヤンマ（8月）

73

バーベナ ── 「幸せのハチ」ルリモンハナバチがやってくる

●キアゲハ、ミドリヒョウモン、トラフシジミなど

| 集客力 ●●●○○ | 分類 クマツヅラ科 クマツヅラ属[*Verbena*] | 咲き方 宿根草 | 開花 品種により異なる　6〜9月（5〜10月） | 耐寒 強 | 耐暑 強 |
| 草丈 品種により20〜150cm |

バーベナはたくさんの種類があります。一年草扱いのものもありますが、宿根バーベナ（宿根草タイプのバーベナ）も売られていて、地を這うように成長するバーベナ・パフェや1m以上になるバーベナ・ハスタータなどがあります。バーベナ・パフェのように、ホームセンターなどでよく売られている背の低い品種は横に広がるものが多く、紫色の品種以外はチョウはあまりやってきませんから、花壇の縁などに植えたり、花壇のすきまを埋めるグラウンドカバー向きかもしれません。

最近は売られているのをあまり見かけなくなりましたが、紫色系統の小さな花がたくさん咲く宿根草のバーベナ・リギダはチョウをよく呼びます。人気のある高性種のバーベナ・ハスタータは、高さ1.5mぐらいまで成長します。しっかりとした株になるので、花壇におすすめです。バーベナ・ハスタータはチョウもやってきますが、それよりもハナバチに特に好まれ、「幸せのハチ」と呼ばれるブルー・ビー（ルリモンハナバチ）にとても好まれます。花期は7月から8月です。

キアゲハ／バーベナ・リギダ（8月）
昔は宿根バーベナと言えばこの色のもの（バーベナ・リギダ）が主流だったが、今ではあまり販売されていないようだ。

トラフシジミ（夏型）／バーベナ・ハスタータ（7月）

ジャノメチョウ／バーベナ・パフェ（8月）

「幸せのハチ」ルリモンハナバチ
／バーベナ・ハスタータ（8月）

ミドリヒョウモン／バーベナ・ハスタータ（7月）

サンジャクバーベナ —— この一種だけでバタフライガーデンが成立

●ナミアゲハ、モンシロチョウ、セセリチョウ類など

(集客力) ●●●●○　(分類) クマツヅラ科 クマツヅラ属[Verbena]　(咲き方) 宿根草　(開花) 7〜9月(6〜10月)　(耐寒) やや弱い　(耐暑) 強　(草丈) 1m

　その名（三尺）のとおり背の高いバーベナで、暖かい地方では春から秋遅くまで、紫色の小さな花を咲かせます。特に9月頃は元気がよく、平野部ではたくさんのイチモンジセセリが群れています。

　宿根草ですが、耐寒性はそれほど強くなく、小諸の庭ではほとんど冬越しができません。東京など暖かい地方では、こぼれ種で無数に増えるので、狭い敷地の場合は、増えすぎないように注意が必要になるほどです。

　けれども、この植物一種だけでバタフライガーデンが成立するほどチョウが好む花で、あらゆる種類のチョウがやってきます。花期も長いので、バタフライガーデンにはぜひ植えたいものです。

ナミアゲハ(7月)

スジグロシロチョウ（7月）

キアゲハ（8月）

モンシロチョウ（7月）

アカセセリ（絶滅危惧種、8月）

メスグロヒョウモン（オス、7月）

イチモンジセセリ（9月）

ウラナミシジミ（9月）

77

フロックス —— *花期が長いのでバタフライガーデンに重宝*

●キアゲハ、モンキチョウ、スジボソヤマキチョウなど

〔集客力〕●●●●○　〔分類〕ハナシノブ科 フロックス属［*Phlox*〕　〔咲き方〕宿根草　〔開花〕7〜9月（6〜8月）　〔耐寒〕強　〔耐暑〕やや弱　〔草丈〕60cm〜1m

　フロックスはハナシノブ科の宿根草で、クサキョウチクトウとかオイランソウとも呼ばれます。高温多湿に弱いので、暖地では育ちにくいのですが、中部地方以北では、バタフライガーデンに最も適した植物の一つです。もともとはアメリカ北東部の植物ですが、ヨーロッパで人気があり、さまざまな品種が作られています。昔はオイランソウというピンクのものが多かったのですが、色も白から紫などさまざまな品種が宿根フロックス、またはフロックス・パニキュラータとして売られています。

　ほとんどのフロックスがチョウをよく呼びますが、特にピンクのものが好まれます。6月末から咲きはじめ、花がら摘みをしたり切り戻しをしたりすれば、10月初めまで花を咲かせます。チョウの来る、花期の長い宿根草としては、秀逸です。ハナバチ類にも好まれますが、クマバチは花に穴を開けて蜜を吸う（「盗蜜」と呼ぶ）ので、あまり歓迎されないお客さんのようです。

キアゲハ（8月）

モンキチョウ（8月）

イチモンジセセリ（7月）

スジボソヤマキチョウ（8月）

クマバチはあまり歓迎されないお客さん（7月）

シオヤアブがハナアブを捕らえた。（8月）

キアゲハ（8月）

ブッドレア ── あらゆるチョウがやってくる「バタフライブッシュ」

●ナミアゲハ、キアゲハ、クロスキバホウジャク、アカタテハ、アサギマダラなど

集客力 ●●●●● 分類 フジウツギ科 フジウツギ属[Buddleja] 咲き方 灌木 開花 7〜10月(6〜11月) 耐寒 強 耐暑 強 草丈 1〜3m

ブッドレアは英名で「バタフライブッシュ」と別名があるほど、チョウに好まれる花です。北半球の温帯にいくつかの種類があり、日本にはフジウツギが分布しています。園芸店でブッドレアとして販売されているものはヨーロッパなどに分布するフサフジウツギと呼ばれる種がメインです。木本（樹木）で、背丈が3mぐらいにもなります。花色も薄紫、紫、白などさまざまですが、薄紫や紫色の品種が特にチョ

ウに好まれます。ありとあらゆるチョウがやってきますが、なかでもアゲハチョウ類、タテハチョウ類に好まれます。

東京などでは6月から、小諸では7月から咲きはじめ、10月まで多くの房状の花を咲かせます。一度植えると何十年も花を咲かせるので、じつに重宝する植物です。1本はぜひ植えたいものです。挿し木でも容易に増やすことができます。

クロスキバホウジャク（7月）

キアゲハ（8月）

オオウラギンスジヒョウモン（7月）

ジャノメチョウ（7月）

アカタテハ（9月）

アサギマダラ（9月）

ナミアゲハ (7月)

カセンソウ —— チョウが大好きな花だが、草刈りで絶滅寸前

●ツバメシジミ、ナミヒョウモン、モンシロチョウ、クジャクチョウなど

集客力 ●●●●● 分類 キク科 オグルマ属[Inula] 咲き方 宿根草 開花 7〜8月（6〜7月） 耐寒 強 耐暑 強 草丈 50〜60cm

カセンソウやよく似たオグルマは北海道から九州の
やや湿った日当たりのよい草原に生える、たいへん美
しい花で、この花が宿根草として売られていないのが
不思議に思えてなりません。漢字で書けば「歌仙草」
で、その美しさをしのばせます（歌仙は和歌の才に長
けた人物のこと）。

アゲハチョウを除くすべてのチョウにとても好まれる
花で、特にシロチョウ、シジミチョウ、タテハチョウが
大好きな花なので、庭に植えたいのですが、入手しに
くいのが難点です。小諸ではかつては溜め池の土手
などにあったのですが、度重なる草刈りで、いまや絶
滅寸前になっています。このような野生の美しい花は
いずれ絶滅危惧種になるのではないかと心配です。

ツバメシジミ(7月)

ナミヒョウモン(7月)

モンシロチョウ(7月)

クジャクチョウは池の畔で生まれ、羽化すると高原に移動していたが、今は草刈りで食草のカラハナ
ソウがなくなり、吸蜜源の花も少ないので、この場所ではほとんど見ることができなくなってしまった。

ブルーサルビア —— 手間をかけられないガーデンに最適

●モンシロチョウ、キチョウ、イチモンジセセリなど

| 集客力 | ●●●○○ | 分類 | シソ科 サルビア属［*Salvia*］ | 咲き方 | 一年草 | 開花 | 6〜10月（5〜11月） | 耐寒 | 弱 | 耐暑 | 強 | 草丈 | 40cm |

ブルーサルビアは道ばたの花壇によく植えられている、紫のサルビアです。一年草で花期が長く、霜が降りるまで咲きつづけるので、手間をかけられない花壇には、マリーゴールドと並んで最適な植物です。庭では、日当たりのいいところに植えないと、花つきが悪くなります。霜の降りない地域では越冬できると思います。

シロチョウの仲間やタテハチョウ、セセリチョウ、シジミチョウの仲間がそこそこ訪れてくれます。

イチモンジセセリ（9月）

キチョウ（9月）

モンシロチョウ
モンシロチョウは赤いリルビア（奥）には来ないが、
手前のブルーサルビアには来る。

クサギ —— 黒系統のアゲハチョウ類にとても好まれる

●ミヤマカラスアゲハなど

| 集客力 ●●●○○ | 分類 シソ科 クサギ属[Clerodendrum] | 咲き方 木本 | 開花 8月（8月） | 耐寒 強 | 耐暑 強 | 草丈 4m以上 |

ミヤマカラスアゲハ（8月）
クサギの花は黒いアゲハチョウ類に特に好まれる。

クサギは8月に花を咲かせる木本の植物で、アゲハチョウの仲間、特に黒系統のアゲハチョウ類にとても好まれます。花期が短いのが難点ですが、半日陰でも育つので、広い庭なら1本あってもいいかと思います。

ネムノキ —— カラスアゲハなどがやってくる

●カラスアゲハ、ミヤマカラスアゲハ、クロアゲハなど

[集客力] ●●●●○○ [分類] マメ科 ネムノキ属[*Albizia*] [咲き方] 木本 [開花] 7月(7月) [耐寒] 強 [耐暑] 強 [草丈] 高木になる

　ぼくの小諸の庭にはネムノキの大木（7ページ）が1本あって、花が咲く7月には毎日、カラスアゲハなどの黒いアゲハチョウ類がやってきます。夏を感じさせる木です。葉が出るのが遅く、6月中旬になってから葉が伸びてきます。おかげで、ヒメシジミが発生する6月中旬に草地が日陰にならないので幸いです。

　ネムノキの仲間には熱帯性の種類も多く、花が日本のものより濃い赤の種類は熱帯アジアなどでも庭に植えられ、アゲハチョウの仲間がたくさんやってきます。沖縄などの暖かい場所では熱帯性のネムノキがいいかもしれません。ほぼ一年じゅう花を咲かせます。

ミヤマカラスアゲハ（夏型メス、7月）

カラスアゲハ（夏型オス、7月）

花には来ないチョウ ——オオムラサキを呼ぶ

　チョウのなかには花には見向きもせず、腐った果物などを好むチョウがいます。野外では主に樹液に集まるチョウです。その代表がオオムラサキです。ほかにもスミナガシ、クロヒカゲやヒカゲチョウ、キマダラヒカゲ類も同じように樹液に集まるチョウです。

　また、花にも来るが果物にも来るというチョウはキタテハなどです。ルリタテハは春には花に来ますが、夏は花ではなくて果物によくやっ

てきます。

　オオムラサキが周囲に棲んでいるならば、バナナに焼酎をかけて皿に置いておくだけで集まってきます。匂いが拡散するように、餌台を作り、左の写真のように地上より高いところに置けば、なおさら効果があります。

餌台のバナナにオオムラサキがたくさん（7月）

キマダラモドキ（バナナ、9月）

ヤナギの樹液を吸うサトキマダラヒカゲ（5月）

スミナガシ（バナナ、7月）

ヒメジャノメ（バナナ、8月）

ハーブ類（ミント、タイムなど） ── キッチンガーデン用に植えて一石二鳥

●メスグロヒョウモン、ヤマトシジミ、ベニシジミなど

集客力 ●●●○○○　分類【ミント】シソ科 ハッカ属[Mentha]、【タイム】シソ科 イブキジャコウソウ属[Thymus]　咲き方 宿根草　開花 7〜9月　耐寒 強
耐暑 強　草丈 10〜70cm

　日本に野生する唯一の「和のタイム」であるイブキジャコ
ウソウやその他のタイムには、シジミチョウの仲間が立ち寄り
ます。ミントの仲間はハチには好まれますが、チョウはそれほ
どやってきません。ハーブではオレガノがヒョウモンチョウ類な
どを呼ぶ花です。ペパーミントやアップルミントにもヒョウモン
チョウ類などが立ち寄ることもありますが、特にチョウに好まれ
るわけではありません。キッチンガーデン（野菜やハーブなど、
料理に使う植物を育て、収穫と観賞の両方を楽しむ）用に植
えて、チョウが来たら儲けものぐらいに考えてください。

メスグロヒョウモン（メス）／オレガノ（8月）

ヤマトシジミ／ミント（7月）

ベニシジミ／タイム（7月）

ヤマトシジミ／タイム（7月）

ウラギンスジヒョウモン／オレガノ（8月）

センニチコウ／ファイアーワークス ── 一年草より宿根タイプがおすすめ

●ウラギンスジヒョウモン、ヒメウラナミジャノメ、キタテハなど

集客力 ●●●○○○　分類 ヒユ科 センニチコウ属[Gomphrena]　咲き方 一年草（ファイアーワークスは宿根草）　開花 6〜10月（5〜11月）　耐寒 弱い
耐暑 強　草丈 30cm〜1m（宿根センニチコウ）

　センニチコウはその名（千日紅）のとおり、春から秋まで花を咲かせつづける一年草です。チョウもある程度やってきます。普通のセンニチコウは日本では冬越ししませんが、宿根センニチコウとかファイアーワークスという名で売られている花があります。たいへん美しく、背の高さも1mぐらいになります。けれど、この花も冬の寒さに弱く、小諸では1年限りの花です。霜のほとんど降りない暖かな地方であれば、根茎が越冬して、翌年も6月から晩秋まで花を咲かせます。花も普通のセンニチコウより気品があり、大きく育つと、たくさんの花をつけて美しい。チョウにも普通のセンニチコウより好まれるので、関東以西のバタフライガーデンにはおすすめです。

クロアゲハ／ファイアーワークス（8月）

ミドリヒョウモン／ファイアーワークス(9月)

ヒメウラナミジャノメ／センニチコウ(6月)

キタテハ(夏型)／センニチコウ(6月)

ルリシジミ／センニチコウ(6月)

ファイアーワークスで吸蜜するマメコガネ(6月)

食草ミツバ／ルー ── アゲハチョウ類の食草

　ジャパニーズハーブでもあるミツバは、セリ科の植物で、キアゲハの食草になります。菜園を作っているなら、ミツバを植えるとキアゲハがやってきます。キアゲハはパセリやニンジンも大好きで、卵を産みます。

　ハーブの仲間にルーという種類があります。ルーの花にはチョウは来ませんが、さまざまなアゲハチョウ類の食草になります。オナガアゲハ、カラスアゲハなど、サンショウやミカンにあまり卵を産まないチョウも卵を産むことがあります。

ルーにいたナミアゲハの終齢幼虫

ルーにいたオナガアゲハの4齢幼虫

ルーはアゲハチョウ類に好まれるハーブだ。

ミツバにいたキアゲハの終齢幼虫

バタフライガーデン 秋

　9月から10月は新たに発生する珍しいチョウはいませんが、涼しくなって花も元気を取り戻すので、アゲハチョウの仲間やシロチョウの仲間、シジミチョウの仲間などで、年に何回も発生するチョウが増える季節です。

　一年草のマリーゴールドやヒャクニチソウもまだまだ元気で、チョウがたくさんやってきます。不思議なことに、道ばたに作られた花壇を見ていると、夏にはマリーゴールドにはあまりチョウが来ないのに、9月末になるとたくさんチョウが来ています。涼しくなると花の蜜の出がよくなるのではないでしょうか。

　ヒメアカタテハやウラナミシジミ、イチモンジセセリなどのように、秋になると数を増やすチョウも多いのです。秋のバタフライガーデンの常連を見ていきましょう。

オミナエシ —— シロチョウの仲間などに好まれる

●ベニシジミ、ミヤマカラスアゲハ、ヤマトスジグロシロチョウなど

集客力 ●●●○○ ┃ 分類 オミナエシ科 オミナエシ属［*Patrinia*］ ┃ 咲き方 宿根草 ┃ 開花 8〜9月（8〜9月） ┃ 耐寒 強 ┃ 耐暑 強 ┃ 草丈 1〜1.5m

　オミナエシは日当たりのいい草地に、背が高い黄色の花を咲かせる日本の野草です。栽培もされていて、庭に植えている方もいると思います。ヤマトスジグロシロチョウなど、シロチョウの仲間などにも好まれる花で、秋を感じさせる花ですから、庭にも数株はあってもいいと思います。宿根草なので、毎年花を咲かせてくれます。

ベニシジミ（8月）

ミヤマカラスアゲハ（夏型メス、8月）

ハキリバチが花粉を集めている。（8月）

オトコエシ —— タテハチョウやヒョウモンチョウの仲間に好まれる
●ミドリヒョウモン、アオバセセリ、ヤマトスジグロシロチョウなど

集客力 ●●●●● ○ 　分類 オミナエシ科 オミナエシ属[Patrinia] 　咲き方 宿根草 　開花 8月中旬〜9月中旬（8月中旬〜9月中旬）
耐寒 強 　耐暑 強 　草丈 1〜1.2m

　オトコエシはオミナエシに近い仲間の野草です。背の高さはオミナ
エシより少し低く、1mから1.2mぐらいです。オミナエシの花と同じ
頃に、白色の花を8月中旬から9月中旬頃まで咲かせます。

　半日陰を好む植物で、オミナエシに比べると、日陰でもよく花を咲

かせます。アオバセセリ、タテハチョウの仲間やヒョウモンチョウの仲
間に特に好まれる花で、オミナエシよりもチョウはたくさんやってきま
す。もともと林縁に生えている植物で、ぼくの庭にはたくさん自生し
ています。最近は苗も手に入ると思います。

アオバセセリ（8月）

イチモンジセセリ（8月）

ヤマトスジグロシロチョウ（夏型、9月）

ミドリヒョウモン（オス、9月）

マリーゴールド ── 一重の黄色やオレンジ色のものがチョウをよく呼ぶ

● メスグロヒョウモン、アオバセセリ、イチモンジチョウなど

[集客力] ●●●●○ [分類] キク科 コウオウソウ属 [*Tagetes*] [咲き方] 一年草 [開花] 6〜10月(5〜11月) [耐寒] 弱 [耐暑] 強 [草丈] 30〜50cm

マリーゴールドは花の咲いた苗が早ければ4月から売られているので、あまり季節感のない花ですが、9月から10月は、日当たりさえよければとても元気で、チョウがたくさんやってきます。そんなことで、この本では秋のバタフライガーデンに入れましたが、5月頃からチョウがよく来る花として重宝します。

マリーゴールドにもさまざまな種類がありますが、特にチョウをよく呼ぶのは、一重の黄色やオレンジ色のものです。早い時期に苗を買ってきて植えておけば、9月には大株に育ってみごとです。

八重やシボリのものにもチョウは来ますが、集客力は落ちます。アフリカンマリーゴールドは高さが1mぐらいになります。これもある程度はチョウを呼ぶ花です。

ウラギンヒョウモン(6月)

イチモンジチョウ(メス、9月)

モンキチョウ(6月)

ヤマキチョウ/アフリカンマリーゴールド(8月)

メスグロヒョウモン（メス、9月）

ウド —— ヒョウモンチョウの仲間にも好まれる

●ヒョウモンチョウの仲間など

| 集客力 ●●●●○○ | 分類 ウコギ科 タラノキ属[*Aralia*] | 咲き方 宿根草 | 開花 9月（9月） | 耐寒 強 | 耐暑 強 | 草丈 2m |

「ウドの大木」という言葉がありますが、ウドは木本ではなく、春に芽を出す宿根草です。山菜として食用になります。夏の終わりには大きく育ち、2mぐらいにもなります。8月末から9月に白い花を咲かせます。ヒョウモンチョウの仲間にも好まれる花です。庭に植えられていることはまれですが、こういった植物を取り入れるのも、楽しみの一つではないかと思います。

8月末から9月に咲くウドの花にはヒョウモンチョウ類やアブの仲間、ハチの仲間などさまざまな虫が集まる。（9月）

セージ／サルビア類 ── ホウジャクやハチに好まれる

●ヒメクロホウジャク、ホシホウジャクなど

| 集客力 | ●●●○○ | 分類 | シソ科 アキギリ属[*Salvia*] | 咲き方 | 宿根草 | 開花 | 8～10月(8～11月) | 耐寒 | やや弱 | 耐暑 | 強 | 草丈 | 80cm～1.2m |

さまざまなセージや、セージの仲間のサルビアが売られていますが、そのほとんどがメキシコの高地などのように、夏は涼しく、冬は凍らない暖かな場所の植物です。

サルビアの仲間は、花の形がチョウには蜜が吸いにくいものが多く、おもにハチに受粉を助けてもらいます。そのため、花の形がハチに特化しているものが多いのです。

メドーセージ（サルビア・ガラニチカ）は、ハナバチや、スズメガ科のホウジャクにたいへん好まれます。蜜が多いのだと思います。けれど、サルビアと同じ理由で、チョウは蜜を吸うことができないようです。

耐寒性はある程度はありますが、冬に地面が凍ってしまうぼくの小諸の庭のような寒い地域では、冬越しができないものが多いようです。関東以西なら、花もきれいで丈夫な植物なので、ぜひ植えたいものです。

ホシホウジャク／ローズリーフセージ（11月）

ローズリーフセージは寒さに弱く、霜が降りる地域では冬越しできない。

ヒメクロホウジャク／メドーセージ（10月）

メドーセージで吸蜜するスジボソコシブトハナバチ（8月）

103

フジバカマ —— アサギマダラはこの花が大好き

●ツマグロヒョウモン、クジャクチョウ、アカタテハなど

集客力 ●●●●●　分類 キク科 ヒヨドリバナ属[*Eupatorium*]　咲き方 宿根草　開花 9〜10月（9〜10月）　耐寒 強　耐暑 強　草丈 80cm〜2m

フジバカマは秋の七草の一つとして昔から知られている植物です。日本の原産種かどうかは諸説あって、中国大陸から渡来して帰化したとの説もあります。

フジバカマの仲間は、ヨーロッパから北アメリカまで、さまざまな種類があり、夏に高原でアサギマダラが集まるヨツバヒヨドリも、フジバカマの仲間です。日本のフジバカマは、野生のものは絶滅危惧種ですが、けっして弱い植物ではなく、背丈も約1mから2mにもなり、挿し芽や株分けで増やすこともたやすい植物です。

8月末から10月まで花が咲きつづけ、宿根草としては花期も長く、チョウにとても好まれる植物です。匂いもよく、アゲハチョウ類にはあまり好まれませんが、アサギマダラやタテハチョウの仲間はこの花が大好きです。

なにより、ただ植えておくだけで、アサギマダラが来てくれるのが素晴らしい（次ページ）。ぼくの庭では9月10日頃から10月10日頃まで、ほぼ毎日アサギマダラが訪れ、最も多いときは30匹以上のアサギマダラが群れて、素晴らしい光景でした。

日本のあちこちで、アサギマダラを呼ぶためにフジバカマが植えられている場所が数多くあり、訪れているチョウは、みな腹が膨らんでいて、たらふく蜜を飲んでいることがわかります。おそらく日本では、フジバカマを植える場所が増えてから、アサギマダラの数も増えたのではないかと思います。

ツマグロヒョウモン（オス、9月）

クジャクチョウ（9月）

アカタテハ（9月）

キタテハ（秋型、9月）

ウラギンスジヒョウモン（9月）

シータテハ（秋型、9月）

旅 を す る チ ョ ウ ── ア サ ギ マ ダ ラ

　アサギマダラは旅をするチョウで、夏は東北や北海道でも見ることができます。秋になると南へ移動し、台湾や香港まで飛んでいくものもいるそうです。マーキングといって、翅にマジックで個体を識別する字を書いて放すことで、アサギマダラの移動経路もわかってきました。

　基本、5月末から6月初めに長野県や東北でイケマに卵を産み、7月中旬以降に羽化したアサギマダラは、8月いっぱいは高原に咲くヨツバヒヨドリ（1500m以上の高地に生息する野草でフジバカマの仲間）で蜜を吸います。9月になると南西に移動して、11月には沖縄などに到達します。この旅の途中で庭にフジバカマがあれば、立ち寄ってくれます。おそらくは暖かい地方でキジョランなどに卵を産み、そこから育ったチョウが4月頃から、ふたたび北東に移動するものと考えられています。

　このようにアサギマダラは基本、年2回発生し、チョウは5ヶ月近くも生きるようです。気温が20度ぐらいの場所が好きで、そうしたところを求めて大移動するのです。

庭のフジバカマに初めてやってきたアサギマダラ（9月）

コスモス —— 手間がかからずチョウにも好まれる

● ヒメアカタテハ、モンシロチョウ、ミドリヒョウモンなど

集客力 ●●●●○ 分類 キク科 コスモス属[Cosmos] 咲き方 一年草 開花 7〜10月(7〜10月) 耐寒 強 耐暑 強 草丈 60cm〜1.5m

　コスモスはメキシコ原産の花ですが、すっかり日本
の風土にとけ込んでいます。コスモスの花を見れば、
秋を感じる人も多いと思います。白やピンクなどの花
をたくさんつけ、高さも1.5mぐらいに育ちます。こぼ
れ種でも増える一年草なので、手間もかかりません。
チョウには、キバナコスモス（108ページ参照）ほど
ではないにしろ、かなり好まれます。

モンシロチョウ（9月）

ミドリヒョウモン（メス、9月）

ヒメアカタテハ（9月）

ヒガンバナ —— アゲハチョウの仲間には好評

● キアゲハ、ナガサキアゲハなど

| 集客力 ●●●○○ | 分類 ヒガンバナ科 ヒガンバナ属[*Lycoris*] | 咲き方 球根 | 開花 9〜10月（9〜10月） | 耐寒 やや強 | 耐暑 強 | 草丈 40〜50cm |

ヒガンバナは9月の末、彼岸の頃に真っ赤な花を咲かせる球根植物です。園芸店ではリコリスという名で売られていることもあります。中国や日本のヒガンバナがヨーロッパに渡り、改良され、色も黄色のものなどもあります。夏は葉がなく、花が咲く直前になって、突然、茎を伸ばして花を咲かせます。そして、花が終わったあとに葉を伸ばします。

ヒガンバナは花期が短く、やってくるチョウもキアゲハ、ナガサキアゲハなど、アゲハチョウの仲間がほとんどで、他のチョウは来ないので、あまりバタフライガーデン向きではありませんが、アゲハチョウの仲間にかぎれば、その集客力はなかなかのもので、季節を感じさせる花ですから、植えてもいいと思います。

注意しなければいけないのは、春から花が咲く直前まで、芽を出さないので、植えた場所を正確にマークしておかないと、その上に他の花を植えてしまうことがあります。

キアゲハ（9月）

ナガサキアゲハ（オス、9月）

薄黄色のヒガンバナに来た
キアゲハ（9月）

キバナコスモス —— バタフライガーデンにおあつらえ向き

●キアゲハ、ウラギンスジヒョウモン、モンキチョウなど

集客力 ●●●●○　分類 キク科 コスモス属[Cosmos]　咲き方 一年草　開花 8〜10月（8〜11月）　耐寒 強　耐暑 強　草丈 60cm〜1.3m

　キバナコスモスは8月末頃から咲きだす一年草で、1m以上に大きく育ちます。コスモスと比べると、茎がしっかりしていて倒れにくい植物です。矮性種が売られていて、こちらは30cmぐらいの高さです。矮性種にもチョウは来ますが、大きくなるキバナコスモスのほうを好みます。アゲハチョウ類を含めてさまざまなチョウに好まれるので、バタフライガーデンにおあつらえ向きの植物で、6月に種を播けば（こぼれ種でも増えます）、8月末に開花します。

「幸せのハチ」ブルー・ビー（ルリモンハナバチ、9月）

ウラギンスジヒョウモン（8月）

モンキチョウ（10月）

キアゲハ（9月）

ミソハギ —— シロチョウやシジミチョウに好まれる

●モンキチョウ、モンシロチョウ、ヤマトシジミなど

集客力 ●●●○○	分類 ミソハギ科 ミソハギ属[Lythrum]	咲き方 宿根草	開花 8〜9月(8〜9月)	耐寒 強	耐暑 強	草丈 60cm〜1.2m

　ミソハギは8月から9月に、日当たりのいい水田の畦などに自生する宿根草で、ピンクの小さな花を花穂につける美しい花です。最近は宿根草として売られていることもあります。湿ったところでは背が高くなり、乾燥した場所では背が低くなるようです。野生種にしては花が派手でみごとです。シロチョウやシジミチョウに好まれます。

モンシロチョウ(父尾拒否行動、石奥かメス、8月)

モンキチョウ(8月)

モンキチョウの黄色は花の紫と特に合うように思う。

ヤマトシジミ(8月)

カクトラノオ —— 薄紫やピンクのものがチョウをよく呼ぶ

●キアゲハ、ミドリヒョウモン、アオバセセリなど

| 集客力 ●●●●○ | 分類 シソ科 ハナトラノオ属[*Physostegia*] | 咲き方 宿根草 | 開花 8〜9月(8〜10月) | 耐寒 強 | 耐暑 強 | 草丈 50cm〜1m |

ハナトラノオとかフィソステギアと呼ばれるカクトラノオは、昔から庭などによく植えられている花です。8月から10月にピンクの花を咲かせ、さまざまなチョウにとても好まれる花です。最近は白いカクトラノオも売られていますが、薄紫やピンクの品種がチョウをよく呼び寄せます。切り戻しをすると長く咲かせることができます。

ミドリヒョウモン(9月)

アオバセセリ(9月)

キアゲハ

サワギキョウ —— 和風バタフライガーデンにぴったり
●ナミアゲハなど

| 集客力 ●●●●○ | 分類 キキョウ科 ミゾカクシ属[Lobelia] | 咲き方 宿根草 | 開花 8~9月(8~9月) | 耐寒 強 | 耐暑 強 | 草丈 60~80cm |

サワギキョウは日本の野草で、休耕田など、湿った日当たりのいい場所に、9月に薄紫色の美しい花を咲かせます。アゲハチョウなどにたいへん好まれます。和風や里山風のバタフライガーデンを作るには、たいへん素晴らしい植物です。

園芸店ではサワギキョウの仲間の赤い花を咲かせる種類が、ロベリアという名で売られています。これは北米産で、夏に花を咲かせますが、どうやらチョウが特に好む花ではないようです。

ナミアゲハ（9月）

クジャクアスター —— キク科アスターのなかではチョウに一番人気

●ベニシジミ、イチモンジセセリ、キタテハなど

| 集客力 ●●●●○ | 分類 キク科 シオン属[Aster] | 咲き方 宿根草 | 開花 9～10月（10～11月） | 耐寒 強 | 耐暑 強 | 草丈 50cm～1.2m |

キク科のアスターは、宿根アスターという名でたくさんの種類が売られていますが、なかでもチョウが好むのは、クジャクアスターと呼ばれる種類で、さまざまな品種があります。小さな薄紫や紫の花をたくさん咲かせるものがチョウには最も好まれます。ユウゼンギクを改良した品種も植えてみましたが、チョウはほとんど来ませんでした。園芸店で売られているものは、一般に背の低いものが多いのですが、チョウが好むのは背がある程度高いものです。

同じくキク科のシオンは、昔から農家の庭などに植えられていた花ですが、チョウにとても好まれます。けれど、今はあまり流通しておらず、ぼくも手に入れることができていません。背丈が1.5mぐらいに成長し、薄紫の比較的大きな花を咲かせます。

日本で昔から栽培されているキクも、品種によってはチョウが来ます。小菊という名で売られている、比較的小さな花を咲かせるキクが、バタフライガーデンには向いています。八重のものや花の大きなものはチョウに好まれません。

ダンギクは、キクと名がついていますが、シソ科の宿根草です。もともとは野生のものですが、園芸店でも売られていることもあります。シロチョウの仲間やスズメガ科のホウジャクの仲間に好まれます。耐寒性はあまり強くありません。

ベニシジミ（9月）

イチモンジセセリ（9月）

キタテハ（秋型、9月）

ヤマトシジミ（9月）

この4点の写真の花はすべて**クジャクアスター**

ノコンギク ── 野菊では最もチョウに好まれる

●ホシホウジャク、メスグロヒョウモン、ベニシジミなど

| 集客力 | ●●●●○○ | 分類 | キク科 シオン属[Aster] | 咲き方 | 宿根草 | 開花 | 9〜10月(10〜11月) | 耐寒 | 強 | 耐暑 | 強 | 草丈 | 40〜60cm |

　ノコンギクはいわゆる野菊の仲間です。野菊とは、山野に自生するキク科の植物のことで、9月から10月に花を咲かせるヨメナ、ユウガギク、ノコンギクなどを指します。

　そのなかで最もチョウに好まれるのがノコンギクです。日当たりのいい場所に薄紫のきれいな花をたくさん咲かせます。ぼくの庭では自生していて、増えすぎて困るほどです。

　根を伸ばして増えるので、花壇に植えると増えすぎて困ると思いますので、土の中に仕切り板を埋め込んで、根が広がるのを防ぐ必要があるかもしれません。1m四方ぐらいを仕切り板で囲ってノコンギク専用の花壇にすれば、かなり美しいと思います。

ホシホウジャク(10月)

メスグロヒョウモン(メス、9月)

イカリモンガ(10月)

イカリモンガはチョウのように見えるガの仲間

ベニシジミ(9月)

クモガタヒョウモン(メス、9月)

テングチョウ(9月)

ツワブキ ── 10月から11月にチョウよくを呼ぶ

● タテハチョウの仲間、シジミチョウの仲間、アサギマダラなど

集客力 ●●●●○	分類 キク科 ツワブキ属[*Farfugium*]	咲き方 宿根草	開花 10月（10〜11月）	耐寒 やや弱	耐暑 強	草丈 50〜60cm

　ツワブキは小諸ではうまく育ちませんが、平地なら東北でも大丈夫でしょう。特に関東以西ではよく育ちます。一般に日本庭園などに植えられますが、普通の庭でも、日当たりがよければよく育ち、ほとんどの花が終わった10月から11月に花を咲かせます。この季節は花が少ないので、秋遅くまで活動しているタテハチョウやシジミチョウの仲間がたくさんやってきます。

ヤマトシジミ（中央の2匹）とベニシジミ（右、10月）

ウラギンシジミ（秋型メス、11月）

アサギマダラ（東京都千代田区の北の丸公園、10月）

メキシカンセージ —— チョウに好まれる数少ないサルビアの仲間

● ツマグロヒョウモン、アカタテハ、ホウジャク類など

| 集客力 | ●●●○○ | 分類 | シソ科 サルビア属［*Salvia*］ | 咲き方 | 宿根草 | 開花 | 10〜11月（10〜11月） | 耐寒 | 弱い | 耐暑 | 強 | 草丈 | 70cm〜1m |

アメジストセージとも呼ばれるサルビアの仲間です。ツマグロヒョウモンやミツバチなどに好まれます。サルビアの仲間はチョウに好まれるものが少なく、貴重な存在です。

関東や関西の平野部では11月末まで明るい赤紫色の花をたくさん咲かせ、毎年、花を咲かせる宿根草です。ぼくの小諸のバタフライガーデンでは越冬はできず、耐寒性は強くありません。

ツマグロヒョウモン（オス、9月）

ホシホウジャク（10月）

アカタテハ（10月）

冬のバタフライガーデン

　小諸では11月に入ると毎日のように霜が降りるので、庭の花も日に日に枯れていきます。すべての花が終わる11月末は、来年に備えて、宿根草を刈り込んだり、草地の草をある程度刈ったりする作業をします。小諸は冬が厳しいので、刈った草などはそのままにしておくこともよくあります。そうすることで、地面の凍結を防ぐことになるからです。

　東京などの暖地ではヤツデが11月末に咲き、ツワブキもまだわずかに残っているので、ヤマトシジミなどがやってきます。12月もまだチョウが活動しています。成虫で冬越しするムラサキツバメやウラギンシジミなども、暖かな日は飛んでいます。サザンカやカンツバキ（寒椿）などが11月末から咲いています。カンツバキの花に蜜を求めてやってくるチョウもいます。暖かな地方でバタフライガーデンを

ヒガンバナ（10月末から緑の葉を伸ばすが、春には地上部は消えるので、植えた場所がわかるように名札をつける。）

ストケシア

11月に入ると毎日のように霜が降り、チョウの季節は終わる。

アオイロフジバカマ

作る場合は、サザンカやカンツバキなどを植えるのもいいでしょう。

　東京の公園などでチョウがまったくいないのは1月と2月の中旬ぐらいまでで、2月下旬には土手にナノハナが咲くところもあり、モンキチョウが活動をはじめます。モンキチョウは「越年蝶」と呼ばれて、昔は成虫で冬越しすると思われていましたが、実際には幼虫で越冬し、早春にもう成虫になるのです。房総半島南部、四国南部、九州南部などの暖かな地域では、2月末にはモンシロチョウが飛び交うこともあります。

　冬のバタフライガーデンでの作業は、基本的に何もやることがないのですが、宿根草を刈りこんだあとに名札をつけておくことをおすすめします。秋に買った宿根草の苗も、冬は葉を落としてしまうので、春になって、芽が出てきたときに、雑草と区別するためです。

　早春の芽吹きの直前は株分けにもいい季節です。フジバカマなど大きくなる種類の宿根草は、3月に株分けをして、邪魔にならない場所に移したりします。また夏のガーデンをイメージしながら、春には何を植えようかと、あれこれ計画を立てましょう。

ムラサキシジミ

キチョウ

ムラサキツバメ

ウラギンシジミ

ヤマトシジミ

ヒメウラナミジャノメ

バタフライガーデンに何を植えるか?

チョウが舞うバタフライガーデンは立地条件により、どんな植物を植えたらいいかが決まります。

都市近郊の住宅地の場合は広い敷地を確保することは難しいでしょう。猫の額ほどの庭では、まず、チョウの幼虫が食べる食草を植えることが望ましいと思います。

住宅地に多いチョウはアゲハチョウの仲間、ヤマトシジミ、スジグロシロチョウ、ツマグロヒョウモンなどです。アゲハチョウの仲間の幼虫の食草はサンショウ、カラタチ、ミカンやユズといった柑橘類です。ヤマトシジミはカタバミ、スジグロシロチョウはムラサキハナナなどのアブラナ科植物、ツマグロヒョウモンはパンジーなどのスミレ類です。こういった植物を植えれば、東北南部以西なら、大抵メスが卵を産みに来ます。

カタバミは日当たりさえよければ種を播けば自然に生えてきます。吸蜜源の花はチョウが好む花の中から、日当たりや耐暑性、耐寒性を参考に好みのものを植えましょう。ベランダの場合は植木鉢にサンショウやユズを植えるのがいいでしょう。カタバミも鉢に種を播きます。ベランダに来るチョウは関東や関西ではナミアゲハ、クロアゲハ、ヤマトシジミの3種が多いと思います。

田舎の広い敷地の住宅に住んでいて、まわりの環境が開けた場所で、林がない場合は、都市近郊の住宅地と同じようにチョウの幼虫の食草を植えるのがいいと思います。チョウの種類はホトトギスを食べるルリタテハ、ミツバなどのセリ科植物を食べるキアゲハ、アブラナ科植物を食べるモンシロチョウ、ハギ類などを食べるツバメシジミやコミスジ、主にマメ科植物を食べるキチョウ、明るい場所を好み、ムラサキツメクサやクローバーを食べるモンキチョウなども加わり、ずっと賑やかになります。

別荘地など、まわりに林がある場所に住んでいる人は、特に食草を植えなくても、チョウの好む花を植えるだけで、ぼくの庭のような蝶が舞うバタフライガーデンを作ることができます。その場合に重要なことは雑草取りは適度におこない、完全に除去するのは避けることです。特にムラサキツメクサやクローバーはモンキチョウやツバメシジミの食草になり、また多くのチョウの吸蜜源になるので、ある程度残す方がいいのです。ただし、単子葉植物（葉の細い植物）、特に外来のセイヨウシバなどはジャノメチョウ類やセセリチョウ類の食草にもなりますが、はびこると除去が難しいので、気がついたときに、できるだけ取り除いたほうがいいと思います。そのときできれば刈るのではなく、抜いてしまった方がいいです。

ツマグロヒョウモンを目当てにスミレ類を植えた場合は、花が終わっても、抜き取るのではなく、葉を残すようにしましょう。スイカズラはイチモンジチョウの幼虫の食草で、香りもよい花ですから、ちょっとした田舎なら、植えれば庭で発生させることも可能です。

庭木もチョウが好むものを植えるのが望ましく、ユキヤナギやコデマリはホシミスジの幼虫が食べます。ツツジ類はアゲハチョウの仲間が好んで花にやってきます。ツツジは普通のオオムラサキツツジやヤマツツジなど、昔ながらの種類が好ましく、大きな黄色などの花を咲かせるレンゲツツジの改良種は好まれず、またサツキ類など、花が小さいものもチョウに好まれないことを覚えておきましょう。

カラタチを垣根のように植えるとアゲハチョウの仲間が卵を生む。

ベランダのバタフライガーデン

都会のマンションなどでは、ベランダやバルコニーに鉢植えの花を置いても、めったにチョウはやってきません。もちろんルーフバルコニーなどの広いバルコニーでは、花にやってくるチョウもいますが、狭いバルコニーでは、花ではなく、チョウの幼虫が食べる植物（食草）を鉢植えにして置くといいでしょう。半日ぐらい日が当たる場所であれば、チョウが卵を産みにやってきます。

高層マンションでは難しいのですが、5〜6階建てぐらいまでのマンションなら、チョウはやってきます。とはいっても、やってくるチョウの種類は限られます。いちばんやってくる可能性が高いのはナミアゲハとクロアゲハです。

日当たりがいいとナミアゲハが、あまり日当たりがよくないとクロアゲハがやってきます。シロチョウの仲間は高いところまで飛ばないので、呼び寄せるのは難しいと思いますし、カタバミがあればヤマトシジミはおそらくやってくるでしょうが、バルコニーのバタフライガーデンは、都会にも多いナミアゲハとクロアゲハをターゲットにするのがいいでしょう。

ナミアゲハやクロアゲハを呼ぶには、食草となるサンショウ、レモン、ユズなどのミカン科植物の鉢植えを置きます。また、いまふれたように、カタバミを種から育てれば、ヤマトシジミが来るかもしれません。

チョウではありませんが、ハチのような姿をした、昼間飛ぶガのオオスカシバという仲間はクチナシを食べます。クチナシの鉢植えを置けば、たいていやってきて卵を産みます。オオスカシバの幼虫は葉にまぎれて見つけにくいので、ある日見たらクチナシが丸坊主なんてこともあります。以前に住んでいた家のバルコニーでは毎年このオオスカシバが発生していました。

ベランダのサンショウやミカンにアゲハチョウが卵を産んでも、そのままにしておくと、せっかく育った幼虫が、蛹になる前に鳥に食べられてしまうことが多いものです。これを防ぐには寒冷紗（防虫・防寒などに使う平織りの布）で作った袋を鉢植えにかけるといいと思います。

カタバミの
鉢植え

小さな幼虫は
筆で移動させる。

濡らしたティッシュでくるみ、
アルミホイルを巻く。

小さな幼虫は
タッパーで飼う。

大きな幼虫は
飼育ケースで飼う。

蛹になる時は
中に枝を入れる。

小さい幼虫は食べられてしまうことがあまりないのですが、確実にチョウまで育てたいなら、小さいうちに室内に取りこんで飼うのがいいと思います。身近にあれば、成長ぶりや羽化の様子を観察することもできます。鉢植えのまま飼うのは見た目はきれいですが、糞が落ちたり、葉が足りなくなったりすることもありますから、飼育ケースに入れて飼うほうがいいでしょう。小さな幼虫はなるべく直接指でふれずに、餌替えなどで移動するときは葉ごと移動させます。

私のあおちゃん
——ある愛好家の手記

クロアゲハの幼虫
（はらぺこあおちゃん）

　私が住むのは東京都武蔵野市のマンションの４階。まわりには玉川上水が流れ、畑や公園もあります。

　あおちゃんとの出会いは、2017年、食した国産レモンの種を鉢に植えて葉が出てきた頃です。午後になると西日が入ってくる３畳ほどの小さなベランダです。７月、葉が４枚くらいついたところで、何やら見たこともない存在感たっぷりの幼虫が２匹現れました。

　虫が苦手な私は水やりの際にドバドバと幼虫にむかって水をかけるのですが、まったく動じない変な生き物がそこにありました。少しだけ虫に詳しい母に聞くと、この生き物がアゲハチョウの幼虫だということがわかりました。しかし、この４枚の葉しか食草はありません。そこでホームセンターへ行き、レモンの鉢植えを２つ購入しました。決まったものしか食べないという、舌が肥えている彼らのために、生まれた木と同じレモンを選びました。ここからあおちゃんとの生活が始まります。

　インターネットで検索して、この幼虫がクロアゲハの幼虫だということがわかりました。１匹は力尽きて早々に死んでしまいましたが、残りの１匹は観察から１週間ほどで緑の恐竜みたいなぷっくりとした幼虫になりました。食欲が増し、葉を全部食い尽くしてしまう勢いです。そこで、この愛らしい生き物を、私は"はらぺこあおちゃん"と名づけることにしました。

　毎日どんどん大きくなるあおちゃんですが、ある台風の日に強風で吹き飛ばされて水に流されていました。世話を焼くことが自然の営みに反しているのではという気持ちもあったのですが、興味の方が勝ってすぐに救出しました。こうやって数時間、ベランダで観察することが当たり前になりました。

　そんなある日の夕方、あおちゃんが頭をグルングルンさせ気

ベランダの鉢植えのサンショウ（手前）とレモン（奥）

サンショウに卵が産みつけられていた。

が狂っていました。どうやら蛹になる場所を探していたようです。夜になってもまだ決めきらず長い時間をかけて小さなベランダを歩きまわっていました。朝を迎え、ベランダじゅうを探してみると、レンガの壁で前蛹（128ページ参照）になっていました。

　ここから13日後、みごとなクロアゲハが誕生しました。誕生まで観察できたことでますます興味が湧いて、レモンやサンショウといった食草を絶やさないようにしました。すると、どんどん卵が増えていきました。なかでもたくさん卵を産んだのはナミアゲハでした。食草が足りなくならないようにネットをかけて育てたり、室内飼いをしたりして毎年観察はつづくのですが、2019年、2020年とベランダに来る蝶の数が激減してしまいました。クロアゲハは2017年以来、来ていません。植木を東側のベランダに移したことも原因でしょうか。

サンショウにアゲハチョウの小さな幼虫を見つけた。

レモンの葉の上で休むナミアゲハの幼虫

丸々と太ったナミアゲハの終齢幼虫

羽化したクロアゲハの成虫

レモンのなかにも好まれるものとそうでないものとがあるようです。食通の変わり者しか寄りつかなくなってしまいました。それに、大きくなる前にいなくなってしまうものが多く、ベランダでは2020年は蝶になれないものが多いように感じました。そして、長い雨の日が続いて成長が遅く、11月の中旬になってもまだ蛹にならないものがいます。

ただ毎年思うことは、個体差があって、性格みたいなものを感じます。活発に動きまわるものとそうでないもの、前蛹になるまでの出歩く時間もまったく違います。触っても怒らないやつもいれば、すぐに怒る神経質なやつもいます。現在、越冬組の蛹がベランダに4匹。今春が楽しみです。

三東瑠璃（ダンスカンパニー主宰）

頭をぐるぐるまわして糸をかけている。

蛹になる前の段階の前蛹になった。

羽化直前のナミアゲハの蛹。チョウの模様がすけて見える。

ナミアゲハが羽化してチョウになった。

ベランダでも育つナミアゲハの一生

　先に都会のマンションのベランダにもやってくるチョウとしてとりあげたナミアゲハは、高い山を除けば市街地でもよく見られます。全国に棲んでいて、幼虫はミカン科の植物の葉を食べます。東京や大阪では4月から11月まで、ぼくの庭がある長野県などでは5月から9月まで見ることができます。蛹で越冬し、4月や5月に成虫になる春型は、小型で明るい色彩です。涼しい地域では年に3回、東京や関西では年に4～5回発生します。

　卵は夏なら6日ぐらいで幼虫になります。生まれたばかりの幼虫を1齢幼虫といいます。脱皮といって、皮を脱いで大きくなります。

小さいうちは、黒に白がまじった色彩で、鳥の糞に似ています。4回脱皮すると、緑色の終齢幼虫になります。

　次に脱皮するのは、蛹になるときです。幼虫は蛹になる場所を選ぶと、糸をかけて体を固定し、動かなくなります。128ページでもふれるように、この状態を前蛹と呼びます。次の日、皮を脱いで蛹になります。卵が産みつけられてから蛹になるまでは、夏だと3週間ほどです。蛹の期間は1週間ほどです。羽化する前の晩には、蛹の殻を通してチョウの模様が見えます。次の日の朝早く、蛹からチョウが誕生（羽化）します。

葉を食べ尽くした枝の上で蛹から羽化した。

夏型の交尾（上がメス）

サンショウに卵を産む夏型メス

卵は直径1mmちょっと

孵化した幼虫は卵の殻を食べる。

4齢までは鳥の糞のような色

脱皮して緑の終齢に

終齢幼虫は葉をもりもり食べる。

糸をかけて前蛹になった。

次の日、脱皮して蛹になる。

緑色の蛹

初めに戻る

花にはあまり来ないゼフィルスだが、美しい

　日本にはゼフィルスと呼ばれるシジミチョウの仲間がいます。主に雑木林に棲む樹上性のシジミチョウで、その仲間の3分の2ぐらいのオスは、緑色に輝き、たいへん美しい。オレンジ色のアカシジミなどもゼフィルスの仲間で、日本には25種類ぐらい棲んでいます。別荘地などのバタフライガーデンで、ナラ類を食草とするものが多いので、コナラやクヌギの木が近くにあれば、庭に現れることもあります。ぼくの小諸の庭には10種ぐらいのゼフィルスが棲んでいます。

　ゼフィルスの多くは、活動する時間が決まっています。活動時間にはオスは低いところに下りてきて、翅を開いて占有行動をします。めまぐるしく追いかけ合いをする姿は、絵にも描けない美しさです。またクリの花に吸蜜に来ることもあり、マリーゴールドにもやってきました。発生時期は6月から7月ですが、メスは9月末まで生きて卵を産みます。

ジョウザンミドリシジミ

ウラゴマダラシジミ（7月）

メスアカミドリシジミ（6月）

ウラミスジシジミ（7月）

ムモンアカシジミ（8月）

オオミドリシジミ（7月）

エゾミドリシジミ（6月）

ミズイロオナガシジミ（6月）

アカシジミ（7月）

ウラナミアカシジミ（6月）

チョウの一生

チョウを卵から観察したり育てたりすると、卵→幼虫→蛹→成虫と姿を変えて成長するところを目にすることができます。卵→幼虫→蛹→成虫と姿を変えるのを完全変態と呼びます。

1年に1回だけ孵化して、決まった季節に登場する1化性のチョウもいますし、1年に3回以上の世代を繰り返す多化性（3回の場合は3化性とも）のチョウもいます。

蛹から羽化したチョウはオスとメスが出会い、結婚します。これを交尾と呼びます。交尾したチョウは卵を産みます（産卵）。

キアゲハ ●ミツバなどセリ科

クロアゲハ ●カラタチなど柑橘類

ウスバシロチョウ ●ムラサキケマン

※植物名は写真に写っているものとは限らず、それぞれのチョウの代表的な食草を入れた

チョウの幼虫は食べる植物が決まっています（食草）。そこで、チョウのメスは自分の幼虫が食べる植物を探して、その葉に産卵するのが普通ですが、シジミチョウの仲間には花やつぼみしか食べないものもいて、そのような種類では、つぼみに産卵します。冬のあいだ、卵で過ごす（卵越冬）チョウの場合は、通常、葉には産卵しないで、茎や木の幹、木の冬芽、あるいは食草の近くの枯れ枝や、石、地面などに卵を産む種類もいます。卵の大きさは1mm以下のものが多いです。

卵の期間は種類によって異なりますが、多化性のチョウでは春は10日ぐらい、夏は5日ぐらいです。孵化した幼虫は脱皮といって、

● ヒメギフチョウ　ウスバサイシン

● ジャコウアゲハ　ウマノスズクサ

● キチョウ　ハギ類など

皮を脱いで大きくなります。4回脱皮して終齢幼虫と呼ばれる大きな幼虫になるものが多いのですが、もっと多く脱皮する種類もいます。幼虫の期間は3週間から1ヶ月ぐらいの種類が多いのですが、幼虫で越冬する（幼虫越冬）種類では10ヶ月以上になるものもいます。

終齢幼虫が次に脱皮すると蛹になります（蛹化）。蛹は動くことができないので、幼虫は慎重に蛹化場所を選びます。蛹になる前の姿を前蛹と呼び、このとき幼虫は、蛹になる場所を選ぶと、糸をかけて体を固定し、だいたい1日ぐらい動かなくなります。蛹の期間は1〜2週間のものが多いのですが、蛹で冬を越す（蛹越冬）

※植物名は写真に写っているものとは限らず、それぞれのチョウの代表的な食草を入れた

種類では10ヶ月以上に及ぶものもいます。

　羽化した成虫は、多くの種類で羽化直後に交尾します。交尾は1回しかしない場合が多いのですが、2回以上おこなう種類もいます。成虫で冬を越す（成虫越冬）種類では、越冬前と越冬後の2回、交尾をする種類が多いようです。

　成虫の生存期間は多化性のチョウの場合、3週間から1ヶ月ぐらいですが、アサギマダラなどは5ヶ月以上生きます。一化性のチョウでは、春だけに出るギフチョウなどは3週間ぐらいですが、ヒョウモンチョウの仲間で、夏に一時活動を停止する（夏眠）種類では、4ヶ月近く生きます。タテハチョウやジャノメチョウの仲間は長生き

●イケマ、キジョラン
アサギマダラ

●コアカソなど
サカハチチョウ

●カラハナソウ
クジャクチョウ

で、多化性のチョウでも2ヶ月ぐらいは生きるものが多いようです。

　成虫は花の蜜を吸うものが多いのですが、花にはほとんど来ないで、樹液に来る種類もいます。成虫期間はオスはメスと交尾し、メスは卵を産む（産卵）ことに専念します。

　産卵は1個ずつする種類が多いのですが、数個まとめて産む種類や、1回で何十もの卵をまとめて産む種類もいます。一生のうちに産む卵の数は100〜200個のことが多いのですが、栄養状態がよければ400以上も産卵することも多いようです。蜜をたっぷり吸ったチョウは産卵数が多くなりますから、バタフライガーデンを作って蜜源を提供すれば、チョウはもっと増えると思います。

オオムラサキ　●エノキ

コミスジ　●ハギ類、クズなど

ジャノメチョウ　●ススキなど

※植物名は写真に写っているものとは限らず、それぞれのチョウの代表的な食草を入れた

●コナラ、クヌギなど
ミズイロオナガシジミ

●スイバなど
ベニシジミ

●カタバミ
ヤマトシジミ

●ススキなどイネ科
イチモンジセセリ

里山の植物だけで作るバタフライガーデン

　圃場整備や過度の草刈りで、溜め池や棚田の法面に見られた花を咲かす植物が消えてしまい、外来種ばかりの草地が増えてしまったのは残念なことです。昔ながらの田園風景の中で咲く日本古来の花はとても美しく、チョウもたくさんやってきます。

　一度壊されてしまった環境を復元するのはかなり難しいことですが、今も法面に綺麗な花の咲く田んぼを持っておられる方は、その環境をどうしたら守れるかを考えていただければと思います。また使われていない日当たりのいい広い土地をお持ちの方は、日本原産の植物や古来から日本で見られる植物だけで作るバタフライガーデンに挑戦してみるといいと思います。

　4月は多くのチョウが大好きな在来種のタンポポが咲けばチョウがやってきます。レンゲはもともとは中国原産ですが、緑肥として昔から田んぼで栽培されていた植物です。美しく、かつチョウやミツバチにも好まれます。4月末から5月はツツジの仲間、特にヤマツツジと呼ばれるオレンジ色の花を咲かすツツジがチョウをよく呼びます。ムラサキケマンやエンゴグサはウスバシロチョウの食草です。

　5月末になるとノアザミが咲きはじめます。6月はノアザミだけでも十分チョウを呼びます。7月になるとカセンソウやオグルマの黄色い花はたくさんのチョウを呼びます。10年ほど前まではカセンソウやアザミ、ワレモコウと、次々に日本の美しい花が咲く溜め池の

かつてカセンソウが咲き乱れていた土手（7月）

ノアザミはチョウが大好きな花だ。
モンキチョウ（左）、キアゲハ（右）

土手が小諸には何箇所かありました。小諸の平地に住む絶滅危惧種や準絶滅危惧種のほとんどがその場所で見られました。ところが、ここ10年、過度の草刈りで、今や絶滅危惧種は絶滅し、見る影もない土手になってしまいました。

　7日末にはカンゾウのオレンジ色の花にアゲハチョウ類がやってきます。オニユリやコオニユリ、ヤマユリも7月にアゲハチョウの仲間をよく呼ぶ花です。草地に7〜8月に咲くクルマバナも可憐な花を咲かせ、チョウを呼びます。

　8月はミソハギが咲き、モンキチョウなどを呼びます。オミナエシの花も咲き出します。ワレモコウも8月の花です。絶滅が心配されるゴマシジミはワレモコウの花に卵を産み、ヒョウモンチョウ（ナミヒョウモン）は幼虫が葉を食べるのでワレモコウがないと生きていけま

せん。8月末から咲きはじめる秋の七草の一つ、フジバカマはいい香りがしてチョウにとても好まれます。旅をするチョウのアサギマダラがやってきます。8月末から咲きはじめたオミナエシの花にもチョウがやってきます。

　9月はヒガンバナにアゲハチョウの仲間がやってきます。ヒガンバナは9月中旬になって突然花穂が出てきます。ヒガンバナを植えてある場所だけは、8月末に草刈りをしておくことも重要です。キキョウはチョウは呼びませんが、美しい花です。この花を植えたところも草刈りが必要です。湿地的な環境が作れれば、9月に咲くサワギキョウやタムラソウはとてもチョウに好まれ、しかも美しい花です。休耕田などを利用して、日本の里山風景を取り戻す試みがおこなわれたらいいなと思っています。

カセンソウの蜜を吸うウラギンスジヒョウモン（7月）

かつては中部地方にもいたが、全国で中国地方のごく一部の町以外では絶滅したヒョウモンモドキ
6月、アザミで吸蜜（山梨県で撮影したが、今は絶滅）

ワレモコウに産卵するゴマシジミ
8月末（松本市で撮影）

トロピカルのバタフライガーデン

　沖縄や奄美大島などの、冬でも雪が降ったり霜が降りることのない暖かな場所でも、1月はさすがにチョウは多くは見られませんが、ほぼ一年中チョウが飛んでいます。

　古い集落に入ると、庭にハイビスカスやブーゲンビリア、アサヒカズラの花が植えられていることが多く、そういった場所ではチョウは人家の周辺で多く見られます。集落全体がバタフライガーデンのようなものです。沖縄でチョウが多く来る庭のある喫茶店に行きました（下写真）。道から少し上がった場所にある庭にはチョウのよく来る花が植えられていて、素晴らしいバタフライガーデンになっていました。

　沖縄や奄美でのトロピカル・バタフライガーデンはミカン科植物やハイビスカスなどの赤い花を植えることで、多くのアゲハチョウの仲間がやってきます。他にはリュウキュウアサギマダラはこの地域に多いチョウで、ガガイモ科の葉を食べます。これらのチョウは白い小さな花を好むので、そういう植物も植えるといいでしょう。カバマダラを呼ぶにはトウワタを植えます。トウワタはカバマダラの食草で、なおかつ吸蜜源でもあります。ツツジ類は早春にカラスアゲハを呼びます。アフリカホウセンカの花もカラスアゲハは大好きです。

ナガサキアゲハ（メス）／アサヒカズラ（10月）

チョウが多く来る花を植えている本部のカフェ（10月）

ジャコウアゲハ／ヒギリ（10月）

オオゴマダラ／ナンヨウサクラ(11月)

モンキアゲハ／ベニツツバナ(10月)

ツマベニチョウ／ベニツツバナ(10月)

シロオビアゲハ／ヒギリ(10月)

135

宿根草の入手のしかた

花には1年で一生を終える一年草、前の年に芽生え、翌年花を咲かせる二年草、一度植えれば、毎年花を咲かせる多年草があります。一年草のなかには、熱帯や亜熱帯の植物で、もともとは多年草でも日本の冬の気候に合わずに、冬は枯れてしまう植物もあります。多年草は園芸用語では宿根草と呼ばれます。前にもふれたように、宿根草はブームになってきているので、専門店もあったり、ネットでも容易に入手できます。

ただ注意しなければいけないのは大抵の宿根草は9cm程度の小さなポット苗で売られていることです。50cmから2mにもなる宿根草ですが、売られているのは背の高さが20～30cm程度のものです。花の咲いた状態の写真が添えられていますが、花が咲いているものが手に入ることはまれです。夏に咲く宿根草が一番たくさん売られているのは6月ですが、そのとき買ってもその年には花が少ししか咲きません。ですから翌年を目指すという気の長い話となります。そこが一年草と違うところです。

売られている宿根草は、大抵は挿し芽で増やしたものです。たとえばフジバカマなどは6月に「天挿し」といって、上の方を挿し芽することでいくらでも増やすことができます。実際にやってみると、背の高さは50cmにも満たないのですが、9月末に花を咲かせます。売っているものも同様ですから、その年は花が咲いても大きくなりません。その年に咲かせたければ前年の秋に購入するか、高価でもある程度大きく育った大きなポット苗を購入しましょう。挿し芽は6月から梅雨の頃が最適ですが、モナルダなど、花が終わってから、9月に挿し芽をおこなってもよくつきました。また翌年には背の高さが高くなることも覚えておくことが必要です。ぼく自身、モナルダのある品種やバーベナ・ハスタータなどは前の年に50cmほどだったので、1.5m以上になるとは思わずに、他の花を日陰にしてしまいました。

宿根草は大変強く、挿し芽（挿し木）でよく増えます。天挿しがいいと述べましたが、その年に伸びた枝ならどれでもよく、たとえば背丈を抑える目的で7月から9月に咲く花の上部を6月

バーベナ・ハスタータ。買ってきて1ケ月後にようやく30cmぐらいになった。

フジバカマの挿し木

売られている宿根草のポット苗は高さが10～20cmぐらいのものが多い。

種は封筒に入れてジプロックに密封し、冷蔵庫で保管する。

9月の花壇／マリーゴールド、フロックス、フジバカマ、ヒャクニチソウなどが咲く

にカットした場合、1本から3～4本の挿し芽をすることができます。確実に発根させるためには、「ルートン」などの発根促進剤をつけるのがよいと思います。場所に余裕があるならば、たくさん挿して、そのうちいくつかが根付けばいいぐらいの軽い気持ちでおこなってみましょう。

　この本で紹介したものは、宿根草のなかでもチョウが好む野性味を残した植物ですので、肥料はいらないと思っていい。もちろん、植える場所の土にもよりますが、やるとしても有機化成肥料のようなものを、植え付け時と春とに播く程度でいいと思います。宿根草は増えすぎて困るぐらいのものも多く、小さな花壇の場合は、地中に仕切り板を入れて、広がるのを防ぐことも考えたほうがいいでしょう。

ナンブアザミに群れるヒョウモンチョウ類（9月）

ウラギンヒョウモン／アメリカナデシコ（6月）

ヒメアカタテハ／サンジャクバーベナ（9月）

ウラギンスジヒョウモン／ルドベキア（7月）

クジャクチョウ／フジバカマ（9月）

137

困りものの植物や虫とのつきあい方 ──ヤブガラシなど

チョウにとても好まれるけれど、一般的には嫌われる植物にヤブガラシがあります。日本の野生植物です。小諸などの寒冷地には昔はほとんどなかった植物ですが、最近は温暖化の関係か暖かになったので、結構、威勢がいいです。ヤブガラシはその名のとおり、他の灌木などを覆ってしまう蔓性の植物です。この植物の広がりをコントロールするのは容易ではありませんが、鉄製のフェンスなどがあり、そのまわりが裸地で、灌木などを植えていなければ、広がるのを防ぐことができます。かわいらしい花を6月から9月頃まで咲かせ、たくさんのチョウを呼びます。灌木に絡みつかないように手入れをすることができれば、アゲハチョウの仲間やセセリチョウの仲間など、たくさんのチョウがやってきます。

ヤブガラシの他にぼくの庭で困りものの植物に、スギナ、ハキダメギク、エノキグサがあります。スギナは春はツクシでかわいらしいのですが、6月頃には30cm以上になり、他の花を覆ってしまっ

たりする困りものです。地下茎で増えるので、一度、はびこると除去するのが大変です。それでも、こまめに抜いていくと、幾分かましになります。スギナを完全に除去するには根を殺す薬を使わなければならないようですが、それをやるとバタフライガーデンでは他の花を枯らすことにもなり、毒性も強いので、使うことはできません。一度、土を深くまで耕し、根を除去するしかないでしょう。ぼくは、ひたすらこまめに抜くようにしています。ハキダメギクやエノキグサは成長が速く、特に9月には毎日抜いても追いつかないぐらいの繁茂力です。見つけしだい抜きます。種ができてしまうと、翌年はもっと増えてしまいます。

他には前にもふれたセイヨウシバなどの単子葉植物も困りものです。セセリチョウやジャノメチョウの仲間の食草になりますが、とても強いものが多く、除去するのは大変です。

チョウがやってくるけれど、繁殖力が強いセイタカアワダチソウは数本残してありますが、種ができる前に刈り取ります。宿根草なので、翌年も同じ場所から出てきます。

ついでに昆虫についてふれておくと、バタフライガーデンではチョウを襲って食べてしまうクモの仲間も困りものです。トンボの仲間、カマキリ、オオスズメバチも困りものです。秋は毎日、オオスズメバチとの闘いです。トンボはしかたがないとほうっておきます。カマキリは捕まえて、少し離れた場所に放しています。

ヤブガラシの花に吸蜜に来るナミアゲハ（夏型）

ヤブガラシは東京ならアオスジアゲハが大好きな花だ

ハコベ

エノキグサ

スギナ

セイヨウシバ

セイタカアワダチソウ

ハキダメギク

カニグモの仲間

ガザミグモ

越冬から目覚めたオオスズメバチ。これをやっつけな
かったのは、あとで悔やんだ。オオスズメバチの子ど
もたちが、秋にチョウを捕まえに、毎日、飛来したからだ。

139

バタフライガーデンの約束事 ——農薬は使わない

バタフライガーデンはナチュラルガーデン（自然を活かした庭）です。春から秋まで花を切らさないようにすることが大切です。基本的にチョウがよく来る花を中心に植えます。もちろん、彩りを考えて、チョウがあまり来ない花を混ぜてもかまいません。同じ植物だけで作るのではなく、さまざまな植物を植えて楽しみたいものです。花壇の雑草はもちろん除去しますが、ハルジオンやタンポポなどのチョウに好まれるものはある程度は残したいものです。

宿根草の仲間は肥料もほとんど必要としないものが多く、病害虫にも強いものが多いので、気候さえ合えば育てやすい植物が多いと思います。

バタフライガーデンのいちばん大事な約束事は、チョウやハナバチを呼ぶ花壇なので、基本的に農薬の使用を控えることです。ぼくはマイマイガ、オビカレハなどの困りものの毛虫は少し気持ち悪いのですが手で取り払います。

特に最近話題となっているネオニコチノイド系の農薬は絶対使わないようにしましょう。ネオニコチノイド系の農薬は人に害が少ないと言われ、除草剤などと比べて、すぐには虫は死なないのですが、最近の研究ではミツバチの大量死もネオニコチノイド系農薬による

ものだとほぼ断定されているようです。ぼくもミツバチをずいぶん前に飼育していましたが、ある年にミツバチがだんだん元気がなくなり、冬を越せなかったのは不気味でした。

イギリスでは農地で、2005年から2015年のあいだにネオニコチノイド系農薬の影響で58パーセントものチョウが減少したといいます。この農薬は昆虫の神経に作用し、行動を乱すこともあるらしく、ミツバチが巣に帰ってこれなかったりします。

植物や土壌に吸収され、残留期間がとても長いとも言われています。その結果、食品にも残留し、神経発達障害を起こす可能性まで指摘され、人には安全という神話も壊れてきています。

EUではネオニコチノイド系農薬のクロチアニジン、イミダクロプリド、チアメトキサムは2018年から全面使用禁止になっています。これは養蜂への影響が強い農薬と思われます。しかし、日本では一部のネオニコチノイド系農薬がホームセンターや通販でも入手できるのは恐ろしいことです。そもそも家庭菜園や花壇に農薬を使うというのが問題です。家庭菜園や花壇にこうした農薬を撒いている人もいますが、残留基準値などと無縁の家庭菜園で作った野菜は、売られているものより農薬が残留している可能性すらあるのです。

マイマイガの幼虫は「ブランコ毛虫」と呼ばれ、木から糸を引いて下りてくる。ありとあらゆる植物を食べてしまう。農薬を使わないで、手で取り払う。

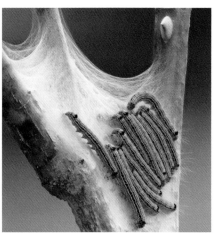

マイマイガの幼虫には天敵のアオクチブトカメムシ（上）がいるが、彼らの働きだけではとても追いつかない。農薬を使わないという約束を守って、毎日、50匹以上の幼虫を手で取り除いた。

オビカレハの幼虫は集団で暮らす。見つけしだい取り払う。

観察記録をデジカメやスマホで

最近はスマホの能力がすごく上がり、スマホでもいい写真が撮れるようになりました。一般的な写真なら、カメラよりも優秀なぐらいです。チョウの撮影でも近づければ素敵な写真が撮れます（本トビラ〈P.1〉の写真はスマホで撮ったものです）。けれどバタフライガーデンでは花を踏み潰すわけにはいかないので、望遠レンズが使えるデジカメが威力を発揮します。

スマホでも指でアップすればいいのではと考える方もおられるでしょう。けれど、これは画面の一部を拡大しているだけなので、印刷すると、極端に画質が落ちます。スマホの画面上やSNSではそれでいいかもしれませんが、あとで記録を本にまとめたり、大きくプリントして飾りたい場合には、デジカメに望遠レンズで撮影し、スマホでは指で拡大しないで撮り、拡大する場合は庭の花の記録と割り切って使い分けた方がいいでしょう。

スマホはシャッタースピードを選べないので、動いているチョウはなかなかその動きを止めて撮れません。スマホのように撮像素子がとても小さいカメラの場合、絞りを選べる必要はありませんが、シャッタースピードは選べた方がいいと思います。スマホで、飛んでいる蝶が撮れるのは、ピーカン（快晴）の日だけです。飛んでいるチョウの撮影は、最近はシャッターを半押ししている間、秒60コマで記録し、シャッターを押し込むと、その前の写真を設定した枚数、記録するというミラーレスカメラもあります。

また小さなチョウの幼虫や卵をアップで撮りたい場合も、接写機能に強いTGシリーズなどを用いれば簡単にいい写真が撮れます。

こうして撮影したものをパソコンで編集したり、SNSやホームページに掲載したりするのは楽しいことです。写真をカラープリンターでプリントしたり、液晶プロジェクターやテレビモニターで大きくしたりして見るのもいいでしょう。デジカメやスマホは観察の記録を作るうえで、優れています。撮影日などのデータや機種によっては場所のGPSデータまでが画像といっしょに記録されて残るからです。正確な観察日記ができる条件が備わっています。写真を加工して編集をするときに、最初に撮影したオリジナルの写真を削除してしまわないことをおすすめします。正確な時間などが消えてしまうこ

庭には濡れても大丈夫な超望遠付きのカメラをいつも置いておいた。

とがあるからです。ここさえ注意すれば、しっかりした記録をいつまでも残すことができます。データベースとして活用できるブラウザーソフトを使えば、いつでも写真を取り出して、子供なら学校の自由研究が簡単にできます。

バタフライガーデンを作れば、チョウはそれに応えて訪れてくれます。そこではチョウの観察や記録作りも容易に進めていけるのです。バタフライガーデンではチョウの種類がすぐにわかるポケット図鑑が役に立ちます。もちろん草花にも親しむことができます。

庭の花壇や草地はせっかく丹精込めて育てたものです。ついつい撮影に夢中になると植物を踏みつけてしまうことがよくあります。そんなとき、ぼくは自分の今までの行動を反省します。自然の草地でも、つい夢中になって踏み込んでしまい、踏み跡が残ることがあります。自然の中でもやたらに草地に踏み込むべきではないと思います。

庭には、できるだけ歩く通路を作って通路に沿って花を植えます。細い道でも自分専用の道ですから、踏み込まなくてもチョウが撮れる位置に花を植えましょう。そうはいっても、花壇の中心までは距離が少しあります。庭での撮影は道の脇ではスマホや広角レンズで、花壇の中のチョウを撮るには望遠レンズを使うといいと思います。

ぼくはマイクロフォーサーズという規格のミラーレスカメラを使います。マイクロフォーサーズだとフルサイズと比べ焦点距離が倍になるので、たとえば150mmのレンズを付けても、フルサイズに300mmを付けたのと同じ大きさに写すことができるのです。今、メインに使っているレンズは100〜400mmの望遠レンズで、最短撮影距離が1.3mで、シジミチョウを画面に入りきらないほどに写すことができて重宝しています。なるべく近寄れる望遠レンズを選ぶのがいいと思います。

植物索引

ア行
アオイロフジバカマ ············116
アサヒカズラ ···············134
アザミ·······5,9,40,48,50,132,133
アスター ···············10,112
アップルミント ··············91
アフリカホウセンカ ···········134
アフリカンマリーゴールド ·······100
アベリア(ハナツクバネウツギ)······71
アメリカスミレサイシン ·········22
アメリカナデシコ ······34,40,41,137
イケマ ·········8,44,105,129
イブキジャコウソウ ···········91
ウスバサイシン ·············127
ウド ··················102
ウマノスズクサ ·············127
ウメ ··················36
エキナセア ···············60
エノキ ·················130
エノキグサ ············138,139
エンゴグサ ···············132
オイランソウ ············10,78
オオハンゴンソウ ············57
オオブタクサ ··············8
オオムラサキツツジ ········25,118
オカトラノオ ·········5,7,40,52
オキザリス ···············19
オグルマ ·············84,132
オトコエシ ·············7,98
オニユリ ·············62,133
オミナエシ ··········96,98,133
オレガノ ················91

カ行
カエデ ·················36
ガガイモ ···············134
カクトラノオ(ハナトラノオ/フィソステギア)
····················110
カサブランカ ··············62
カセンソウ ···········84,132,133
カタクリ ·············13,16
カタバミ ········19,36,118,119,131
カラスノエンドウ ·········70,128
カラタチ ·············118,126
カラハナソウ ············85,129
カワラナデシコ ·············34
カンゾウ ···············133
カンツバキ ············116,117
カントウタンポポ ···········14,15
キキョウ ···············133
キク ··················10

キ行（続き）
キジョラン ············105,129
キバナコスモス ··········106,108
キャベツ ···············128
クサギ ·················88
クサフジ ·············69,70
クジャクアスター ············112
クズ ··················130
クチナシ ···············119
クヌギ ·············124,131
クリ ··················124
クルマバナ ············68,133
クレソン ················24
クローバー(シロツメクサ)·····10,38,118
クロウメモドキ ·············128
コアカソ ···············129
コオニユリ ···········9,62,63,133
小菊 ··················112
コスモス ············106,108
コデマリ ·············17,118
コナラ ···········6,7,124,131
コマツナギ ···············70

サ行
サクラソウ ···············13
サザンカ ·············116,117
サツキ ·················118
サルビア ·······5,86,87,103,115
サワギキョウ(ロベリア)······111,133
サンジャクバーベナ ·····5,42,76,137
サンショウ····94,118,119,120,121,123
シオン ···············5,112
シバザクラ ·············13,26
シモツケ ················17
シャスターデイジー ···········35
シロバナタンポポ ············15
スイカズラ ···············118
スイバ ·················131
スカシユリ ············62,63
スギナ ·············138,139
ススキ ·········8,130,131
ストケシア ············67,116
スミレ ·······8,9,13,22,23,28,118
セイタカアワダチソウ ·······138,139
セイヨウシバ ·····8,10,38,118,138,139
セイヨウタンポポ ···········14,15
セージ ·················103
センニチコウ ············92,93
ソバ ················10,46

タ行
タイマツバナ ··············10
タイム ·················91
タチツボスミレ ·············22
タムラソウ ···············133
ダンギク ·············68,112

タ行（続き）
タンポポ
·····5,8,10,13,14,15,22,28,132,140
チューリップ ···········8,27
チョウセンヨメナ(アスターコリエンシス)
·················10,42,58
ツツジ ·······13,25,118,132,134
ツメレンゲ ················8
ツルフジバカマ ·············70
ツワブキ ·············114,116
トウワタ ···············134
トベラ ·················26

ナ行
ナノハナ ·········13,24,28,117
ナラ ··················124
ナンブアザミ ··············137
ナンヨウサクラ ·············135
ニオイスミレ ············22,23
ニョイスミレ ··············22
ニンジン ················94
ネムノキ ··············7,89
ノアザミ ············43,48,132
ノコギリソウ(アキレア)·········45
ノコンギク ···········5,113

ハ行
バーベナ ···········8,10,74
バーベナ・ハスタータ ·····74,75,136
バーベナ・パフェ ··········74,75
バーベナ・リギダ ············74
パイナップル ··············11
ハイビスカス ··············134
ハギ ·············118,127,130
ハキダメギク ············138,139
ハコベ ·················139
パセリ ·················94
バナナ ···············11,90
ハルジオン ·····5,8,10,13,20,21,22,140
パンジー ·············22,118
ヒガンバナ(リコリス)······107,116,133
ヒギリ ·············134,135
ヒメウツギ ···············26
ヒメジョオン ············20,21
ヒャクニチソウ(ジニア)
·····4,5,8,10,12,40,60,64,66,95,136
ピラカンサ ···············26
ブーゲンビリア ·············134
ファイアーワークス ········92,93
フサフジウツギ ·············80
フジウツギ ···············80
フジバカマ····9,10,11,39,104,105,117,
133,136,137
ブッドレア ·······5,40,42,80,82
フランスギク ··········8,35,41
ブルーサルビア ·········5,86,87

ハ行（続き）
フロックス・パニキュラータ ·········78
フロックス(クサキョウチクトウ/オイランソウ)
·········9,10,29,43,60,78,136
ベニツツバナ ··············135
ペパーミント ···············91
ホトトギス ···············118

マ行
マツバギク ················71
マリーゴールド
·······5,8,10,86,95,100,124,136
マルバスミレ ···············22
ミカン ··········94,118,119,134
ミソハギ ·············109,133
ミツバ ·········94,118,126
ミント ··················91
ムシトリナデシコ(ルドベキア)
·····5,10,28,29,30,32,34,40,41,60
ムラサキケマン ········8,126,132
ムラサキツメクサ ·····10,28,38,41,118
ムラサキハナナ ·······13,24,28,118
メキシカンセージ(アメジストセージ)···115
メドーセージ(サルビア・ガラニチカ)···103
モナルダ(タイマツバナ/ベルガモット)
··········5,8,9,10,43,54,136

ヤ行
ヤツデ ·················116
ヤナギ ·················90
ヤブガラシ ···············138
ヤマツツジ ··········25,118,132
ヤマユリ ·············62,133
ユウガギク ···············113
ユウゼンギク ··············112
ユキヤナギ ·········13,17,36,118
ユズ ················118,119
ユリ ··················62
ヨツバヒヨドリ ·········11,104,105
ヨメナ ···············58,113
ヨモギ ···············8,36

ラ行
ラベンダー ·············4,39
リアトリス ·············72,73
リンゴ ·················11
ルー ··················94
ルドベキア ·········9,56,57,137
ルドベキア・サハラ ···········56
ルドベキア・ヒラ ··········56,57
レモン ·········119,120,121,122
レンゲ ··········13,18,19,132
レンゲツツジ ···········25,118
ローズリーフセージ ···········103

ワ行
ワレモコウ ············132,133

昆虫索引

ア行

アオクチブトカメムシ ・・・・・・・・・・・・・140
アオスジアゲハ ・・・・・・・・・・・・・・26,138
アオバセセリ ・・・・・・・・・98,100,110
アカシジミ ・・・・・・・・・・・・・・・124,125
アカセセリ ・・・・・・・・・・・・・・・・・・8,77
アカタテハ
　・・・5,54,55,60,64,71,80,81,104,115
アカハナカミキリ ・・・・・・・・・・・・・・・59
アカボシゴマダラ ・・・・・・・・・・・・・・・53
アゲハチョウ・・・10,11,14,25,28,30,48,
　54,58,62,64,66,67,80,84,88,89,94,
　95,104,107,108,111,118,119,120,
　121,133,134,138
アサギマダラ ・・・・8,9,11,44,80,82,104,
　105,114,129,133
アサマイチモンジ ・・・・・・・・・・・・・・・37
アマガエル ・・・・・・・・・・・・・・44,60,63
アリ ・・・・・・・・・・・・・・・・・・・・・・・・・36
イカリモンガ ・・・・・・・・・・・・・・・・・113
イチモンジセセリ
　・・・・・・59,76,77,78,86,95,98,112,131
イチモンジチョウ ・・・・・・・37,100,118
ウスバシロチョウ
　・・・・・・・・・8,14,15,20,21,126,132
ウラギンシジミ ・・・・・・・・・114,116,117
ウラギンスジヒョウモン ・・・・8,42,47,56,
　57,58,64,65,68,73,91,92,104,108,
　133,137
ウラギンヒョウモン
　・・・・・・・31,34,40,41,48,67,100,137
ウラゴマダラシジミ ・・・・・・・・・・・・125
ウラジャノメ ・・・・・・・・・・・・・・・・36,37
ウラナミアカシジミ ・・・・・・・・・・・・125
ウラナミシジミ ・・・・・・・・・・・・・・77,95
ウラミスジシジミ ・・・・・・・・・・・・・125
エゾミドリシジミ ・・・・・・・・・・・・・・125
オオウラギンスジヒョウモン
　・・・・・・・・・・・・・・・・・35,42,52,81
オオゴマダラ ・・・・・・・・・・・・・・・・・135
オオスカシバ ・・・・・・・・・・・・・・・・・119
オオスズメバチ ・・・・・・・・・・・138,139
オオチャバネセセリ ・・・・・53,65,71
オオミスジ ・・・・・・・・・・・・・・・・・・・36
オオミドリシジミ ・・・・・・・・・・・・・125
オオムラサキ ・・・・・・・・・・・11,90,130
オナガアゲハ ・・・・24,50,62,63,94
オニヤンマ ・・・・・・・・・・・・・・・・・・・73

オビカレハ ・・・・・・・・・・・・・・・・・・140

カ行

ガザミグモ ・・・・・・・・・・・・・・・・・・139
カニグモ ・・・・・・・・・・・・・・・・・・・139
カバマダラ ・・・・・・・・・・・・・・・・・・134
カマキリ ・・・・・・・・・・・・・・・・・・・138
カラスアゲハ・・・25,33,51,64,89,94,134
カラスシジミ ・・・・・・・・・・・・・・・・・3/
キアゲハ ・・・・・・4,12,14,26,30,51,54,
　60,61,62,65,74,77,78,79,80,81,94,
　107,108,110,118,120,132
キタテハ ・・・・・・・36,90,92,93,104,112
キチョウ ・・・・・・68,86,117,118,127
キバネセセリ ・・・・・・・・・・・・・・・・・44
ギフチョウ ・・・・・・・・・・・・・16,22,129
キマダラセセリ ・・・・・・・・・・・・・・・53
キマダラヒカゲ ・・・・・・・・・・・・・・・90
キマダラモドキ ・・・・・・・・・・・・・・・90
ギンボシヒョウモン ・・・・・・・・・・40,41
クジャクチョウ
　・・・・・39,46,47,84,85,104,129,137
クマバチ ・・・・・・・・・・・・・・・・・・・・78
クモ ・・・・・・・・・・・・・・・・・・・・・・138
クモガタヒョウモン ・・・・・40,41,113
クロアゲハ ・・・・・33,48,66,89,92,
　118,119,120,121,126
クロスキバホウジャク ・・・・・・・・55,80
クロツバメシジミ ・・・・・・・・・・・・8,19
クロヒカゲ ・・・・・・・・・・・・・・・・・・90
コアオハナムグリ ・・・・・・・・・・・・・20
コジャノメ ・・・・・・・・・・・・・・・・・・53
ゴマシジミ ・・・・・・・・・・・・・・・・・133
コミスジ ・・・・・・・・・・・・・・36,118,130

サ行

サカハチチョウ ・・・・・・・・・・・59,129
サトキマダラヒカゲ ・・・・・・・・・53,90
シータテハ ・・・・・・・・・・・36,47,104
シオヤアブ ・・・・・・・・・・・・・・・・・・78
シジミチョウ ・・・・・・14,19,24,38,69,
　84,86,91,95,109,114,124,127
ジャコウアゲハ ・・・・・・・25,26,127,134
ジャノメチョウ ・・・・・45,56,67,72,73,75,
　81,118,129,130,138
ジョウザンミドリシジミ ・・・・・・・・・124
シロオビアゲハ ・・・・・・・・・・・・・・135
シロチョウ ・・・・・22,46,58,67,68,69,71,
　84,86,95,96,109,112,119
スジグロシロチョウ
　・・・・・14,24,36,39,72,77,118
スキバホウジャク ・・・・・・・・・・・・・54
スジグロチャバネセセリ ・・・・・59,69

スジグロチョウ ・・・・・・・・・・・・・・・14
スジボソコシブトハナバチ ・・・・・・・103
スジボソヤマキチョウ ・・・4,22,23,31,38,
　48,49,51,67,69,78,128
スミナガシ ・・・・・・・・・・・・・・・・・・90
セセリチョウ ・・・・・30,52,58,64,68,69,
　76,86,118,138
ゼフィルス ・・・・・・・・・・・・・・・・・124

タ行

ダイミョウセセリ ・・・・・・・・・・・・・35
タテハチョウ ・・・・39,60,64,67,80,84,
　86,98,104,114,129
チャバネセセリ ・・・・・・・・・・・・・・・39
ツバメシジミ ・・・・・36,38,45,69,84,118
ツマキチョウ ・・・・・・・・・・・・・・14,24
ツマグロヒョウモン
　・・・・・・・22,23,40,104,115,118
ツマベニチョウ ・・・・・・・・・・・・・・135
テングチョウ ・・・・・・・・・・・・・・・113
トラフシジミ ・・・・・・・・・・・・24,74,75
トンボ ・・・・・・・・・・・・・・・・・・・・138

ナ行

ナガサキアゲハ ・・・・・・・・・・・107,134
ナミアゲハ ・・・・・・・5,25,30,48,62,63,65,
　76,80,83,94,111,118,119,121,122,
　123,138
ナミヒョウモン ・・・・・・・・・38,84,133

ハ行

ハキリバチ ・・・・・・・・・・・・・・・・・・96
ハナアブ ・・・・・・・・・・・・・・・・・20,78
ハナカミキリ ・・・・・・・・・・・・・・・・44
ハナバチ
　・・・・・・4,20,38,54,71,74,78,103,140
ハナムグリ ・・・・・・・・・・・・・・・・・・20
ヒオドシチョウ ・・・・・・・・・・・・・・・53
ヒカゲチョウ ・・・・・・・・・・・・・・・・90
ヒメアカタテハ ・・・・・・4,66,95,106,137
ヒメウラナミジャノメ ・・・・36,92,93,117
ヒメギフチョウ ・・・・・・・・・・・・16,127
ヒメキマダラセセリ ・・・・・31,36,53,55
ヒメクロホウジャク ・・・・・・・・・・・103
ヒメシジミ ・・・・・8,29,36,37,38,45,47,89
ヒメジャノメ ・・・・・・・・・・・・・・・・90
ヒメシロチョウ ・・・・・・・・・・・・・38,70
ヒョウモンチョウ ・・・・9,22,28,30,34,35,40,
　52,54,56,58,91,98,102,129,133,137
ヒョウモンモドキ ・・・・・・・・・・・48,133
ベニシジミ ・・・・・14,20,24,36,56,59,
　60,91,96,112,113,114,131
ホウジャク ・・・・・・・・・54,103,112,115
ホシホウジャク ・・・・・・・・103,113,115

ホシミスジ ・・・・・・・・・・・17,36,37,118

マ行

マイマイガ ・・・・・・・・・・・・・・・・・140
マメコガネ ・・・・・・・・・・・・・・・・・93
ミズイロオナガシジミ ・・・・・・125,131
ミスジチョウ ・・・・・・・・・・・・・・・・36
ミツバチ ・・・・・・18,115,132,140
ミドリヒョウモン ・・・・20,22,23,40,41,57,
　74,75,93,98,99,106,110
ミヤマカラスアゲハ
　・・・・・・・・・30,32,34,88,89,96,143
ミヤマシジミ ・・・・・・・・・・・・・・38,70
ミヤマセセリ ・・・・・・・・・・・・・・・・14
ミヤマチャバネセセリ ・・・・・・・8,39,68
ムモンアカシジミ ・・・・・・・・・・・・125
ムラサキシジミ ・・・・・・・・・・・・・117
ムラサキツバメ ・・・・・・・・・・・116,117
メスアカミドリシジミ ・・・・・・・・・125
メスグロヒョウモン ・・・・・23,34,40,52,77,
　91,100,101,113
モンキアゲハ ・・・・・・・・・・・・・・・135
モンキチョウ ・・・14,28,31,35,38,39,
　55,59,69,71,78,100,108,109,117,
　118,128,132,133
モンシロチョウ ・・・・・11,14,18,20,24,28,
　30,69,71,72,73,76,77,84,86,87,106,
　109,117,118,128

ヤ行

ヤブキリ ・・・・・・・・・・・・・・・・・・・20
ヤマキチョウ ・・・・・・・・・・・・・・・100
ヤマトシジミ ・・・・・19,20,36,91,109,112,
　114,116,117,118,119,131
ヤマトスジグロシロチョウ
　・・・・・・36,37,46,68,72,96,97,98

ラ行

リュウキュウアサギマダラ ・・・・・・・134
ルリシジミ ・・・・・16,17,36,37,93
ルリタテハ ・・・・・・・・・・・53,90,118
ルリモンハナバチ ・・・・・66,74,75,108

カクトラノオに来たミヤマカラスアゲハ

著者略歴

海野和男（うんのかずお）

1947年東京生まれ。昆虫の魅力にとりつかれ、少年時代は蝶の採集や観察に明け暮れる。東京農工大学の日高敏隆研究室で昆虫行動学を学び、卒業後、昆虫を中心とする自然写真家の道に進む。著書『昆虫の擬態』（平凡社）は1994年、日本写真協会年度賞受賞。ほかに『昆虫顔面図鑑』（日本編・世界編）（実業之日本社）、『大昆虫記　熱帯雨林編』（データハウス）、『蝶の飛ぶ風景』（平凡社）、『デジタルカメラで昆虫観察』（誠文堂新光社）などがある。また草思社より『すごい虫の見つけかた』『甲虫カタチ観察図鑑』『世界のカマキリ観察図鑑』『世界でいちばん変な虫　珍虫奇虫図鑑』『増補新版　世界で最も美しい蝶は何か』『海野和男の蝶撮影テクニック』。日本自然科学写真協会会長、日本動物行動学会会員など。海野和男写真事務所主宰。1990 年に長野県小諸市にアトリエを構え、バタフライガーデンを作る。公式ウェブサイトに「小諸日記」がある。http://www.goo.ne.jp/green/life/unno/diary

蝶が来る庭 ——バタフライガーデンのすすめ

2021年 4 月21日　第 1 刷発行
2022年12月23日　第 2 刷発行

著　者　海野和男（写真と文）
装幀・本文デザインDTP　西山克之（ニシ工芸）
発行者　藤田　博
発行所　株式会社 草思社
　　　　http://www.soshisha.com/
　　　　〒160-0022　東京都新宿区新宿1−10−1
　　　　電話　営業 03（4580）7676　編集 03（4580）7680
印刷所　中央精版印刷株式会社
製本所　加藤製本株式会社

2021©Kazuo Unno
ISBN978-4-7942-2509-2 Printed in Japan 検印省略